Birgit Fuchs

# Spiele gegen Rechenschwäche

Birgit Fuchs

# So fördere ich mein Kind
# Spiele gegen Rechenschwäche

Ravensburger Ratgeber im Urania Verlag

*Für Oskar Randak*

Zum Thema bereits erschienen:
Margret Schwarz: Rechenschwäche? ISBN 3-332-01239-8
Rita Schwark / Ute Laue: Legasthenie. ISBN 3-332-01253-3
Christine Kaniak-Urban / Katharina Schlamp: Mit Spaß und Erfolg durch die Grundschule.
ISBN 3-332-01193-6
Antje Dohrn: Diktate üben – so macht es Spaß! 3-332-01195-2
Dr. med. Christel Kannegießer-Leitner: Das ADS-Schnellprogramm. ISBN 3-332-01304-1
Cordula Neuhaus: Das hyperaktive Kind und seine Probleme. ISBN 3-332-00872-2

Die Autorin: Birgit Fuchs ist Pädagogin an Grund- und Hauptschulen und hat zusätzlich ein Kunst-studium sowie Weiterbildung in pädagogischer Psychologie absolviert. Die fantasievolle, spieleri-sche und dabei praxisnahe und alltagstaugliche Förderung von kindlichen Fähigkeiten ist ihr Spe-zialgebiet. Birgit Fuchs hat fast 40 erfolgreiche Ratgeber, Lernhefte und Spielebücher publiziert; sie lebt in Bobingen und hat drei Kinder.

Die Deutsche Bibliothek – CIP-Einheitsaufnahme
Ein Titeldatensatz für diese Publikation ist bei Der Deutschen Bibliothek erhältlich

www.dornier-verlage.de
www.urania-verlag.de

1. Auflage März 2002
© 2002 Urania Verlag Berlin
Der Urania Verlag ist ein Unternehmen der Verlagsgruppe Dornier.

Umschlaggestaltung: Behrend & Buchholz, Hamburg
Titelfoto: Corbis Stock Market / Gerhard Steiner
Fotos: Gertie Burbeck (S. 37, 95, 103), Redaktionsbüro Stark (S. 29, 44, 53, 66, 73, 75, 105, 106, 107, 111, 119), Heidi Velten (S. 3, 15, 21, 55, 63, 87)
Zeichnungen: Martin Schulze, Berlin
Redaktion: Jeanette Stark-Städele
Satz: Thoms Buchdesign, Berlin
Druck: Westermann Druck Zwickau
Printed in Germany

ISBN 3-332-01307-6

# Inhalt

# Einführung

Wenn Sie zu diesem Buch gegriffen haben, sind Sie vermutlich schon eine ganze Weile mit Rechenproblemen konfrontiert und sind Mutter, Vater oder Betreuer eines Kindes, bei welchem Rechenschwäche diagnostiziert wurde. Oder Sie selbst sind aus verschiedenen Gründen zu der Befürchtung gelangt, Ihr Kind könne nicht so recht 2 und 2 zusammenzählen …

Deshalb eine Bitte im Vorfeld: Ungeduld und Strenge (die meist aus elterlicher Angst geboren werden) sind nicht das Mittel der Wahl, um aus einem unsicheren Denker einen ruhigen, bedachten Rechenkünstler zu machen. Es besteht auch gar kein Grund zur Panik! Jedes Kind wird einen guten Weg gehen können, wenn es ermunternd und verständnisvoll dabei begleitet wird. Und nicht jedes Kind ist gleich! Das eine Kind braucht mehr Zeit, bis eine Reifung in Gang gesetzt wird, beim anderen geschieht dies schneller. Wenn man überlegt, wie viele Dinge es gibt, die reifen müssen, um zu ihrer höchsten Qualität zu gelangen: Guter Käse z. B., ebenso der Wein, die Trauben selbst müssen reifen … Und für jeden Reifungsprozess sind Ruhe und Zeit das Wichtigste. Das heißt, man kann den Vorgang nicht beliebig vorantreiben. Man kann eigentlich nur zuführen, was gut und förderlich ist. In diesem Sinne möchte ich einen Bogen schlagen zum „rechenschwachen" Kind. Wie eben der wohl schmeckende Wein zur Entwicklung gute Trauben, viel Sonne, Wasser, ausreichend Nährstoffe und nicht zuletzt einen gewissenhaften Kelter braucht, so ist auch jedes Kind angewiesen auf verschiedene Gaben, Fertigkeiten und Fähigkeiten, die einen mathematischen Denkprozess zur rechten Lösung führen lassen.

Es geht längst nicht nur um Zahlenverständnis und um das Beherrschen der rechnerischen Operationen. Komplexe Aufgabenstellungen und Textaufgaben gelingen nur dann zur

Zufriedenheit, wenn wesentliche Grundvoraussetzungen für autonome Denkprozesse vorhanden sind, wie z. B.:

- Selbstvertrauen (Ich bin jemand, ich trau mir etwas zu, ich kann was erreichen ...)
- Wahrnehmungsfähigkeit (Erkennen von Details, Unterscheidung von Wesentlichem und Unwesentlichem ...)
- Reflexionsvermögen (Strukturieren, Vergleichen ...)
- Lesesicherheit (Fähigkeit zur Sinnentnahme, ausreichendes Lesetempo ...)
- Sprachverständnis (Verstehen von Wörtern und Fachbegriffen ...)
- Kreativität (flexibles Aufstellen von Lösungsstrategien ...)

*Ein Kind kann aus verschiedensten Gründen Probleme mit Rechenaufgaben haben.*

Der mathematische Denkprozess ist also ein komplexer Vorgang, bei dem die Fehlerquellen an ganz unterschiedlichen Teilaspekten zu suchen sein können.

Achten Sie daher aufmerksam darauf, wo das Kind beim Lösen einer Aufgabe ins Stocken gerät!

Typische Situationen:

1. Das Kind soll die Hausaufgabe machen oder Sie möchten einfach mit ihm üben: Doch das Kind weigert sich, ist aggressiv, schwitzt, hustet usw. Vermutlich graust es ihm ganz allgemein vor dieser Belastung und einer drohenden Niederlage. Vielleicht scheut es sich aber auch generell vor Anstrengung!
→ Zeigen Sie eine klare Linie auf: „Es gibt Dinge, die kannst du vermeiden, manche Dinge aber müssen sein. Die Aufgaben hier werden jetzt gemacht!"

Zur Unterstützung bewährt sich folgende Vorgehensweise:

- Stellen Sie Forderungen fröhlich und ermunternd.
- Steigern Sie Durchhaltevermögen und Belastbarkeit des Kindes (Sportverein, Wanderungen ...).

- Ermöglichen Sie Angstabbau durch Gespräche, Optimismus.
- Seien Sie in diesem Bereich ein verständnisvoller Kumpel für das Kind und geben Sie eigene Schwächen zu.

2. Das Kind setzt sich ordnungsgemäß an die Arbeit, weint aber bald und sagt, es verstehe sowieso nichts.

→ Zeigen Sie Interesse und Genauigkeit: Was wird nicht verstanden?

Empfehlenswert ist folgende Vorgehensweise:

- inhaltliches Abklopfen von Wörtern, die in der Angabe verwendet werden;
- Sinnklärung, die wichtigen Wörter in jedem Satz markieren;
- Überprüfung der für die Lösung der Aufgaben wichtigen Rechenfertigkeiten: Ist das Einmaleins genügend automatisiert, weiß das Kind, wie die Umkehraufgabe geht …
- Feedback ans Kind: „Wir wissen jetzt, wo genau du nicht sicher bist. Das können wir üben …“

3. Macht sich das Kind eifrig an die Arbeit, wird aber bei der Lösung der Aufgaben fahrig, antwortet vorschnell irgendeinen Unsinn, nur um zu zeigen: Ich mache ja mit, ich bin ein braves, williges Kind …

→ Das Kind ist rein mechanisch und nur dem äußeren Anschein nach bei der Sache, denkt aber nicht mathematisch-sachlich!

Gehen Sie folgendermaßen vor:

*Gelassenheit und Geduld zahlen sich immer aus.*

- Bremsen Sie das Kind, zeigen Sie Gelassenheit und sagen Sie ihm etwas wie: „Du musst nicht für mich besonders schnell machen. Lass gut sein, ich habe dich lieb. Wir kriegen das hin, du darfst dir Zeit lassen. Also, noch einmal von vorne. In Ruhe!“ (Belohnung für kleinste Erfolge, zur Ruhe zu finden!)

- „Lass uns nachschauen: Worum geht es in dieser Aufgabe überhaupt?"

Grundsätzlich wichtig ist die Qualität des Umgangs mit Ihrem Kind! Die schulischen Schwächen schrecken in erster Linie die Eltern! Sie bedenken dabei nicht, dass das Kind schon genug Stress in der Schule erlebt, wenn es nicht die nötige Leistung erbringt! Gerade Mitschüler sind da oft grausam im Urteil! Nun kommt beim Kind noch hinzu, dass es die elterliche Angst auf den Rücken gepackt bekommt. Es soll also nicht nur sich selbst (das wäre die wünschenswerte Version), sondern den Lehrern, der Klasse, den Eltern sowieso, der Verwandtschaft und womöglich sogar noch den Nachbarn (deren Kinder es ja schließlich auch „geschafft" haben) gerecht werden und dabei noch ausrechnen können, wie viel 1 t 325 kg – 609 kg ergibt.

Machen Sie sich also frei von Ihren Erwartungen bezüglich der „Karriere" Ihres Kindes. Es wird Erleichterung spüren, sich freier fühlen (und damit freier denken) und es Ihnen danken.

Vielleicht nehmen Sie sich hie und da ein wenig Zeit für das eine oder andere Spiel aus der Sammlung dieses Buches und bedenken Sie:

> Das Ziel liegt in der Zukunft des Kindes.
> Nicht das unmittelbare Ergebnis ist entscheidend!
> Schon manche stolze Eltern von Superschülern haben sich über den Abfall der Leistungen ihrer Kinder in späteren Jahren gewundert – *und umgekehrt!*

Und um die Sache mit den Nachbarn klarzustellen: Ihr Kind ist prima!
(Sie werden doch nicht erzählen, was Ihr Kind nicht kann!?
Sondern nur noch das, was es kann – und das ist sicher eine ganze Menge!)

# Kapitel I

# Was sind Spiele gegen Rechenschwäche?

*Viele Kinder haben Schwierigkeiten mit Mathematik,*
*weil sie das Rechnen als isoliertes Schulfach ohne*
*Bezug zum praktischen, alltäglichen Handeln erleben.*
*Doch wer Rechenoperationen im Alltag entdeckt,*
*kann spielerisch mathematisches Denken erwerben.*

## Mathematische Denkprozesse im Alltag

*Rechnen erlernt man am besten über den handelnden Umgang mit Dingen.*

„Spiele gegen Rechenschwäche" ist eine Auswahl von Übungsideen, Spielen und Beschäftigungsanregungen, die allesamt die für mathematische Denkprozesse grundlegenden Fähigkeiten und Fertigkeiten trainieren. Die Sammlung dieses Buches ist in zwölf Bereiche untergliedert, die jeweils schwerpunktmäßig auf eine spezielle Teilleistung abzielen, wobei jedoch gleichzeitig auch immer andere Lernbereiche betroffen sind. Denn Mathematik ist keine isolierte, abstrakte „Denkform", sondern letztlich ist das ganze Leben Mathematik:

Wenn jemand einen Apfel viertelt, wenn die Dauer des Schulweges überprüft wird, wenn Filzstifte eingekauft werden müssen, wenn sich das Kind ein Doppeldecker-Wurstbrot zur Pause wünscht usw. – dann hat man es bereits mit Mathematik zu tun!

Und hier liegt auch die große Chance für handelndes Lernen im Alltag! Der Erwerb des Zahlenbegriffs und später die Fähigkeit, abstrakte Rechenoperationen zu begreifen und zu verstehen, vollzieht sich zunächst immer über die ganz konkrete Auseinandersetzung, den handelnden Umgang mit Dingen. Dabei kann man nicht für jedes Kind sagen, wann diese konkrete Phase abgeschlossen sein muss. Immer wieder aufs Neue ist es wichtig, Zusammenhänge sichtbar zu machen, sie zu veranschaulichen.

Deshalb ist es unter anderem ein besonderes Anliegen dieses Buches, die in alltäglichen Abläufen versteckte Mathematik aufzuzeigen und spielerisch nutzbar zu machen. Dazu bedarf es keiner teuren Rechenmaterialien – die mathematischen Grundbausteine hat jeder in seinem häuslichen und außerhäuslichen Umfeld.

Es bedarf nur ein wenig mehr Zeit in der heutigen Zeit! Helfen Sie Ihrem Kind dabei, Dinge selbst zu tun!

Nehmen Sie ihm nicht Arbeitsschritte ab, die ihm ganz nebenbei wichtige Erkenntnisse bringen und Lernen bedeuten – wenn es spürt, dass Ihnen derlei scheinbar oft auch banale Leistungen von Bedeutung sind. Übertragen Sie Ihren Kindern Aufgaben, die Sie ansonsten ganz automatisch selbst tun – weil es natürlich schneller geht und mit weniger Unordnung verbunden ist, aber vielleicht auch, weil man sich im Alltagstrott gar nicht darüber klar wird, wie mathematisch wertvoll diese Verrichtungen für kleine Menschen sind, die die Routine der Erwachsenen erst erwerben müssen.

Was Kinder gerne machen und wobei sie viel lernen:

- Wäsche vorsortieren nach Farben,
- Socken zu Paaren stecken,
- ein Kräuterbeet mit zehn Pflanzen im Balkonkasten anlegen,
- die Monatsausgaben für Lebensmittel berechnen usw.

*Lassen Sie Ihr Kind möglichst viel selber tun.*

Für jede Altersstufe gibt es unzählige praxisrelevante Verrichtungen, die schlicht und einfach Rechnen bedeuten. Solche Erlebnisse stärken zudem insbesondere das Selbstbewusstsein der Kinder! Sie fühlen sich wichtig und von den Erwachsenen ernst genommen!

In diesem Sinne wünsche ich Ihnen viel Vergnügen und Erfolg mit den nachfolgenden Spielen.

## Tipps zur Anwendung

Bevor Sie nun ein Spiel auswählen, bzw. dessen Inhalt *den Fähigkeiten* Ihres Schützlings *anpassen,* sollten Sie sich Klarheit über den Leistungsstand des Kindes verschaffen!

Wer sich nicht, noch nicht oder momentan nicht in professioneller Betreuung befindet, kann sich im Gespräch mit dem

*Verschaffen Sie sich zunächst Klarheit über den Leistungsstand Ihres Kindes.*

Klassenlehrer über den aktuellen Unterrichtsstoff, das Leistungsverhalten des Kindes und die bislang beobachtbaren Defizite im rechnerischen Denken informieren. Hängt das Kind beim derzeitigen Unterrichtsstoff hinterher, prüfen Sie nach, welcher Rechenschritt *nicht* nachvollzogen werden kann. Gehen Sie einen oder mehrere Schritte im Lehrgang zurück! Die vorausgehenden Übungsschritte erfahren Sie wiederum von der Lehrkraft. Ganz wichtig auch: Erkundigen Sie sich auch über die Art und Weise, *wie* die Aufgaben gelöst werden sollen, welche *Versprachlichung* sinnvoll und gewünscht ist. Daneben eignet sich auch das Rechenbuch der jeweiligen Klasse als Orientierungshilfe. Dem Inhaltsverzeichnis und den Überschriften über den einzelnen Seiten bzw. Nummern können Sie in der Regel den Aufbau des Lehrplans, bzw. des Vorgehens im Matheunterricht entnehmen.

Und lassen Sie sich bitte nicht beirren: Auch wenn die Klasse bereits auf Seite xy rechnet, arbeiten Sie mit Ihrem Kind so lange in jenem Mathestoff, bis das Kind sicher ist. Das kann z. B. durchaus bedeuten, dass auch Zweit- und Drittklässler sich immer wieder mit dem ersten Zehnerübergang befassen müssen, um die Zahlvorstellung in den nächsten Zehner zu aktivieren und zu stützen.

So wählen Sie also entsprechende Spiele in einer gemütlichen Stunde und für sich ganz alleine aus, wobei Sie in der Übersicht auf Seite 125 f. nach der Überschrift mit dem in Frage kommenden Mathestoff suchen. Daran anschließend befinden sich alle Spiele, mit denen Sie in diesem Bereich arbeiten bzw. spielen können.

Ein weiteres Auswahlkriterium sind die Neigung und das Interesse des Kindes: Wählen Sie solche Spiele aus, von denen Sie annehmen, dass sie Ihr Kind mit Spaß und Begeisterung aufgreifen wird. Besonders wichtig ist während der Durchführung im Übrigen die sorgfältige und liebevolle Hinwendung zum Kind, wie sie sonst die Hektik des Alltags vielleicht nicht allzu oft zulässt!

Zu beachten ist, dass ein Do-it-your-self-Programm kein Ersatz für eine professionelle therapeutische Begleitung sein kann. Andererseits darf man gespannt abwarten, wie viel Sie gemeinsam mit Ihrem Kind von einer solchen Art des spielerischen „Begreifens" von Mathematik – aber auch des gegenseitigen, menschlichen Begreifens profitieren können. So mancher „Groschen" fällt erst dann, wenn es gemütlich wird, wenn Stress und Leistungsdruck an der Haustüre verabschiedet werden und Spaß, gute Laune und vor allen Dingen Ruhe Einzug halten!

Abschließend soll noch darauf hingewiesen werden, dass die Ursachen für schulisches Versagen häufig sehr oberflächlich analysiert werden, z. B. dass das Kind einfach zu unruhig ist, sich nicht konzentrieren kann, weil es immer Kopfschmerzen hat oder dass es einfach blockiert ist.

Vielerlei Gründe werden oft dafür angeführt, dass ein Kind nicht richtig lernen kann. Diese Zusammenhänge mögen schon richtig sein, jedoch muss man zuallererst die Frage stellen, weshalb das Kind so unruhig, unsicher, verzögert usw. ist.

Die nachfolgenden sechs Punkte nach Abraham Maslow geben Aufschluss über die Grundbedürfnisse eines Kindes, die immer befriedigt sein müssen. Erst dann ist die Voraussetzung für erfolgreiches Lernen gegeben:

- Physiologische Bedürfnisse (Hunger, Durst)
- Sicherheitsbedürfnis (Wer beschützt mich? Wer versteht mich? Mit wem kann ich zuverlässig rechnen? Wie soll ich mit Ängsten umgehen? ...)
- Bedürfnis nach Liebe und Zugehörigkeit
- Bedürfnis nach Wertschätzung (Wer findet etwas toll an mir? Wer findet, dass ich ein wunderbarer Mensch bin?)

- Bedürfnis nach Selbstverwirklichung (Welche Talente und Begabungen habe ich? Darf ich mich in ihnen versuchen?)
- Bedürfnis nach Transzendenz (Sinnsuche, Fragen gestatten, nach Antworten suchen)

(Vgl.: Abraham Maslow, in: P. G. Zimbardo: Psychologie. Springer, 1983)

Jedes Grundbedürfnis muss im Wesentlichen befriedigt sein, damit sich das Kind dem nächst höheren Ziel zuwenden kann. Und hier liegt die große Bedeutung für die Schule:

Nur wenn kein ernsthaftes Defizit in einer dieser sechs Ebenen vorhanden ist (das es nun womöglich aufzuspüren gilt), kann der Mensch überhaupt erst schulischem Arbeiten Aufmerksamkeit schenken und Lernfreude als siebtes Bedürfnis in die Hierarchie aufnehmen.

# Kapitel II

# Ich-Spiele

*Nur wer sich etwas zutraut, wird auch Erfolg
haben. Das gilt auch fürs Rechnen. Deshalb ist
die Entwicklung von Selbstsicherheit und Selbstbewusstsein ein ganz wichtiges Anliegen in der
Förderung des Kindes.*

## Selbstbewusstsein und Selbstsicherheit entwickeln

*Wer selbstbewusst Dinge anpackt, hat auch wenig Scheu vor Rechenoperationen.*

Selbstbewusstsein und Selbstvertrauen sind die zentralen Begriffe dieses Kapitels. Wo jedoch die Literatur häufig Fördermaßnahmen zur Stärkung des Selbstbewusstseins anbietet, die sich über die Verbesserung kognitiver, konzentrativer und motorischer Leistungen vollziehen soll, werden hier Spiele und Beschäftigungsanregungen angeboten, die das Kind – namentlich und unmittelbar – als Größe ansprechen. Ja, durchaus als „rechnerische Größe", mit der die Familie und die Gesellschaft zu rechnen haben! „Ich bin jemand, ich bin wichtig", soll die Erfahrung des Kindes sein.

Unter dem „Ich" versteht man die Person, die die Fähigkeit besitzt, sich mit der Umwelt (auch mit der schulischen Umwelt, mit dem Lernen, mit Zahlen …) konstruktiv auseinander zu setzen.

Je „ich-stärker" eine Person ist, umso besser gelingt dies.

Ein selbstbewusstes „Ich bin, ich stehe …" gilt also gleichsam als Repräsentant dafür, Situationen zu bestehen, Bodenhaftung zu haben und eben mit beiden Beinen auf dem Boden zu stehen!

Wünschenswert wäre ein Kind, das gut geerdet und selbstsicher zunächst die konkreten Dinge der Umgebung anpackt und sich demzufolge auch mutiger an abstrakte Erscheinungen wie Zahlen und Rechenoperationen heranwagt.

Ein selbstbewusstes Kind
- traut sich etwas zu und kennt seine Fähigkeiten,
- weiß, dass Anstrengung sich lohnt;
- es weiß aber auch, dass es um seiner selbst und nicht wegen seiner Leistungen geliebt wird.

## Hier wohne ich (II₁)

Wer in einer Wohnung wohnt, lässt sich unschwer dem Namensschild an der Klingelleiste entnehmen. Doch hinter den Nachnamen verbirgt sich schließlich nicht nur der Erwachsene, sondern auch das eine oder andere Kind. Wie wichtig wird es sich vorkommen, wenn auch sein Vorname offiziell angeschlagen wird. Zum Beispiel auf dem Briefkastendeckel, einem Türschild oder auf einem hübschen Plakat direkt an der Wohnungstür. Wenn das Kind selbst mitbasteln darf, ist das eine tolle Sache. Window-Color-Buchstaben kleben ganz prima an Metallzargen der Wohnungstüre. Aus Ton lassen sich Familienwappen vom Feinsten anfertigen, aber auch schlichte Plakate aus Tonpapier, vielleicht mit Glanz-Gel-Stiften beschriftet, verfehlen nicht ihre Wirkung. Bei der Bastelei lässt sich übrigens durchaus auch eine kleine mathematische Übung einbauen:

Lassen Sie z. B. geometrische Formen als Umrandung in bestimmter Reihenfolge auftauchen (siehe Abbildung).

*Ein selbst gebasteltes Namensschild an der Haustür mit den Namen aller Familienangehörigen ist eine tolle Sache!*

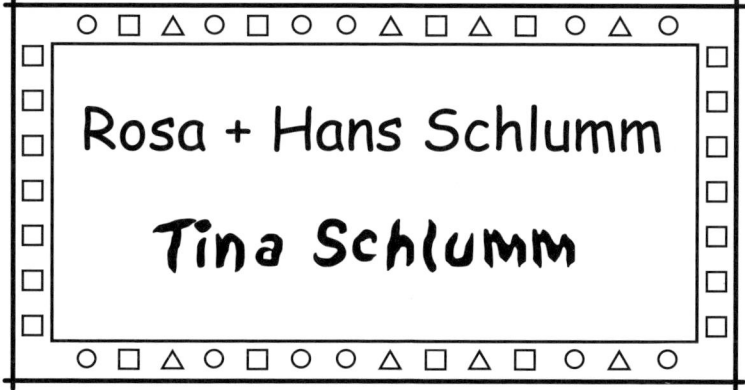

Rosa + Hans Schlumm

Tina Schlumm

## Lilli-Plätzchen und Rudi-Kekse (II₂)

*Mathematik kann sogar gut schmecken!*

Wer kennt nicht den positiven Effekt von klangvollen Speisenamen?

„Weißt du noch – der Seegarten-Teller im letzten Hotelurlaub, war er nicht köstlich …?"

Derlei Erlebnisse lassen uns Erwachsene oft in weit höherem Maße von lukullischen Delikatessen schwärmen, als wir es je unseren Kindern zuteil werden lassen. Also – welche Sorte Kekse oder Plätzchen mag Ihr Kind am liebsten? Dann nichts wie ran ans Küchenbrett. Gemeinsam wird die Grundmasse zubereitet, Lilli-Plätzchen (oder wie Ihr Kind auch immer heißt) werden gebacken. Mit etwas Raffinesse haben Sie sich auf den einfachsten Teig geeinigt, dem leckersten von allen, versteht sich.

Der Teig wird mit den Fingern zu Würstchen gerollt und dann zu Zahlen geformt. Außerdem gibt es noch reichlich Motive in Form von Pluszeichen, Strichen für Minus- und Ist-Gleich-Zeichen und runden Punkten für Mal- und Geteilt-Aufgaben, je nach Relevanz des Mathestoffes.

Wenn es dann aus dem Backofen köstlich nach Lilli-Keksen duftet, die Sie natürlich außerordentlich loben und hinter Glas bewundern, können Sie sich schon mal leckere Rechenaufgaben ausdenken, die Sie im Rahmen eines gemeinsamen Frühstücks usw. aufs Tablett (oder auf den Tisch) zaubern werden.

Wer zu einer Aufgabe die richtige Lösung findet, darf sich den feinen Nachtisch kassieren und in Ruhe verspeisen. Da soll noch mal jemand behaupten, Ihr Kind würde sich den Mathematikstoff nicht ausreichend „verinnerlichen"!

# Geburtstagsparty (II₃)

Eine tolle Chance für handelndes Lernen im Alltag ist die Organisation der eigenen Geburtstagsparty, ein nämlich geradezu hoch komplexes Unterfangen! Ihr Kind soll sich nur frühzeitig an die Arbeit machen.

Zunächst wird eine Liste erstellt und die geladenen Gäste abgezählt. In gleicher Menge benötigt man nun vielleicht Tischkarten, Pappteller, Besteck usw. Auch die Überraschungen, die beim eventuell stattfindenden Topfdeckel-Schlagen und anderen Wettkämpfen auf die Spieler warten, müssen eingeplant werden.

Die Kosten für die jeweiligen Artikel dürfen nun geschätzt und notiert werden. Auch der in etwa zu erwartende Saftverbrauch lässt sich auf spannende und lehrreiche Weise im Voraus berechnen: Wie viele gefüllte Partybecher ergeben einen Liter? Der Umschüttversuch mit Leitungswasser in eine Flasche und von da in einen Becher wird Aufschluss geben. Wie viele Becher können gefüllt werden?

Grundsätzlich wichtig ist die Versprachlichung von gewonnenen Einsichten, z. B.:

„4 Becher ergeben 1 Liter oder mit 1 Liter Saft können wir 4 Becher füllen."

„Wenn jeder Besucher 1 Becher trinkt, wie viele Flaschen brauchen wir?"

An heißen Tagen wird man sich allerdings schon auf 2 oder 3 Becher pro Person einstellen müssen ...

Auch der Kuchenbedarf lässt sich auf entsprechende Weise abschätzen. Wie viele Stücke ergibt ein Kuchen? Wie viele Gäste kommen? Wie viele Stücke wird jeder Gast in etwa verspeisen?

Entsprechende Rechungen lassen sich für Würstchen, Pizzastücke, Toasts und alle anderen Speisen anstellen.

Viel Spaß bei der Vorbereitung!

*Für eine Geburtstagsfete muss viel geplant – und gerechnet – werden.*

## Der Sparstrumpf (II₄)

*Mit echtem Geld rechnen alle Kinder gern.*

In einen Sparstrumpf, in ein Sparschwein oder in eine besonders schöne Flasche wirft jedes Familienmitglied Kleingeld, das es übrig hat. Gesammelt wird für ein bestimmtes Projekt, das die Familie zu Beginn des langfristig angelegten Sparplans gemeinsam vereinbart (z. B. bei Schuljahresbeginn für die nächsten Sommerferien).

Das Entscheidende ist dabei: Ihr Kind darf die Sparkasse verwalten! In regelmäßigen Abständen wird sie geleert und der Inhalt auf Euro und Centstücke gebündelt, das Ergebnis in ein Merkheft eingetragen und die Ausbeute dann zur Bank gebracht.

Je nach Unterrichtsstoff Ihres Kindes können Sie dabei den Inhalt des Sparstrumpfs manipulieren. Ein Erstklässler z. B. findet mindestens zwanzig 1-Cent-Stücke, die er zu Stapeln zu je zehn Münzen aufhäuft und so den Zehnerübergang trainiert!

Ein Drittklässler hingegen findet 1-, 2-, 5-, 10-, 20- und 50-Cent-Stücke, die er schriftlich addieren und in Komma-Schreibweise zu Papier bringen soll …

## Mein Stempel (II₅)

*Ein individueller Namensstempel ist in vielen Situationen praktisch.*

Immer wieder bieten bekannte Ladenketten günstiges Bastelzubehör sogar zum Herstellen persönlicher Namensstempel an! Greifen Sie zu und schenken Sie ein solches Exemplar Ihrem Kind. Es darf sich seinen eigenen Stempeltext selbst ausdenken. Gemeinsam wird dann zu Werke gegangen. Dabei werden verschiedene mathematische Fertigkeiten geschult:
- Man muss die Buchstaben genau und konzentriert setzen,
- es muss geschätzt und mit dem Lineal gemessen werden, um herauszufinden, wie viel Text in eine Zeile passt.

Die Umsetzung gelingt auch sicher nicht auf Anhieb, sondern erfordert Ausdauer. Dann fängt man eben mehrmals auf unterschiedliche Weise an, das „Problem zu lösen". Und am Ende ist das Kind stolzer Besitzer eines individuellen Adressstempels, den es ganz professionell aufdrücken darf, z. B. auf Briefe, die es versendet, auf jedes Übungsblatt, bevor die lästigen Aufgaben gelöst werden sollen usw.

*Tipp:* Wer lieber mit dem Computer umgeht, erstellt gemeinsam mit dem Kind tolle Visitenkarten.

## Das Telefonbuch (II$_6$)

Wer kennt Zahlenketten, die einen mit anderen Menschen in Kontakt bringen und die man sich gerne merken möchte? Natürlich! Von Telefonnummern ist hier die Rede.

Ganz ohne abschreckende mathematische Anforderung darf sich Ihr Kind als Verfasser des neuen familiären Telefonbuchs (das man mit auf Reisen nehmen möchte …) nützlich machen.

*Sicherheit im Umgang mit Zahlen erlangt man bei der Beschäftigung mit Telefonnummern.*

Dazu dient schon ein einfaches Schulheft, das hübsch eingebunden wird, oder auch ein extra dafür besorgtes Büchlein mit alphabetischem Register.

Geben Sie Ihrem Kind eine Vorlage mit Namen, die es abschreiben kann, dahinter diktieren Sie die Telefonnummern mit Vorwahl. Anschließend wird die Schreibweise überprüft, und die Einträge darf das Kind selbstständig ins Buch übertragen.

Wer wird sich wohl innerhalb der nächsten Wochen die meisten Nummern merken können – Sie oder Ihr Kind?

*Tipp:* Wer aus dem Telefonbuch ein Adressbuch machen möchte, wird mit noch mehr Zahlen konfrontiert – da gibt es schließlich noch Hausnummern, Postleitzahlen …

## Happy Family (II₇)

*Ein gemaltes Familienbild gibt Aufschluss darüber, wie sich das Kind in der Familie fühlt.*

Wenn Sie etwas mehr über Ihr Kind erfahren möchten, lassen Sie es doch ein Bild von der ganzen Familie malen.

„Mal dich und deine Familie", lautet der Auftrag. Gänzlich unbeeinflusst darf das Kind nun loslegen. Egal ob die Personen in derselben Wohnung wohnen, egal ob alle Leute Hüte tragen, egal ob der Hund nur drei Beine hat – alles hat seine Richtigkeit, so wie das Kind es malt. Und alles hat auch eine Bedeutung! Dieser Bedeutung können Sie mit etwas Feingefühl in einer anschließenden gemütlichen Unterhaltung bei Kakao und Kuchen auf die Spur kommen! Wo z. B. steht Ihr Kind im Bild? Zu welcher Person hat es sich hingemalt? Entspricht diese Aufstellung der Realität oder handelt es sich vielleicht um ein Wunschbild? Spielen böse Gesichter eine Rolle und zu wem gehören sie? Hat das Kind sich winzig klein dargestellt oder vielleicht viel zu groß? Ist es vielleicht hinter anderen Personen kaum zu sehen usw.

Aus einem kleinen Bildchen lassen sich so erstaunliche Erkenntnisse gewinnen, wenn man sich Zeit fürs Hinschauen und Einfühlen nimmt. Womöglich hat man ja die Unsicherheit des Kindes unterschätzt, da es sich nach außen hin immer ganz mutig gibt?

Loben Sie Ihr Kind für sein Gemälde, fragen Sie interessiert nach allem, was Ihnen auffällt, solange das Kind gerne mitmacht.

*Tipp:* Solche Spontanbilder bieten sich auch zu beliebigen anderen Situationen an: Ihr Kind kommt z. B. nach einem Schultag frustriert und verärgert nach Hause – wenn es spontan ein Bild malt, können Sie erkennen, was ihm widerfahren ist. Oder auch ein ständig wiederkehrender Albtraum oder eine Erinnerung, die das Kind nicht loslässt, kann es durch die Umsetzung in ein Bild oft leichter bewältigen.

# Kapitel III

# Konzentrationsspiele

*Ohne Konzentrationsfähigkeit kann es in der Schule und beim Rechnen nicht klappen. Doch die Ausdauer kann man in vielen Situationen durch Spiele und ruhige Beschäftigungsangebote schulen – die auch Spaß machen!*

# Die Bedeutung von Konzentration und Daueraufmerksamkeit

Die Bedeutung eines guten Konzentrationsvermögens für schulische Leistungen liegt auf der Hand. Deshalb finden Sie in diesem Kapitel jederzeit einsetzbare, kürzere Spiele, die rasche Auffassung, intellektuelle Beweglichkeit und hohe Konzentration erfordern. Andererseits beinhaltet das Kapitel auch solche Beschäftigungsanregungen, die die Daueraufmerksamkeit trainieren. Ziel soll es sein, eine ruhige Betätigung für das Kind zu finden, die ausgleichend wirkt, die das Kind zur Ruhe bringen und in seine Mitte führen kann.

Die folgende Sammlung kann wiederum nur eine Auswahl von Ideen vorstellen, jedoch wissen Eltern und Betreuer in der Regel am allerbesten, bei welchen Beschäftigungen das Kind so richtig in sich versinken kann.

Wer in Fachbüchern unter Konzentrationsförderung nachschlägt, findet häufig kurze und jederzeit einsetzbare Kim-Spiele, bei denen es im Wesentlichen auf die Wahrnehmungsfähigkeit der verschiedenen Sinnesorgane ankommt (siehe „Wahrnehmungsspiele", Seite 37 ff.). Schwerpunkt dieses Kapitels ist jedoch die Schulung der Daueraufmerksamkeit über längere Zeit! Wenn das Kind eine ruhige Beschäftigung gefunden hat, der es sich mit Begeisterung und Hingabe widmen kann, ist es ganz auf sein Tun fixiert und damit hoch konzentriert.

Hier unterscheiden sich die Konzentrationsspiele in einem wichtigen Gesichtspunkt von den Kreativspielen dieses Buches (siehe Seite 95 ff.). Während die Konzentrationsspiele das Kind ausgleichen und zur Ruhe führen sollen, zielen Kreativitätsspiele darauf ab, blitzschnelles, kombinierendes und neu strukturierendes Denken zu üben und den Geist zu aktivieren.

## Ich lese in deinen Augen (III₁)

Hier geht es um die soziale Konzentration, das Sich-Einlassen und Hineinfühlen in den anderen. Kind und Eltern oder andere Mitspieler setzen sich in einer gemütlichen Ecke zusammen. Vielleicht erwärmt ein Getränk oder eine brennende Kerze die Atmosphäre und man schaut sich in dieser Auszeit einmal ganz bewusst ein wenig genauer an. Was spürt jeder, wenn er sein Gegenüber betrachtet? Welche Schwingungen liegen im Raum? Gibt es wohl unausgesprochene Frustrationen oder wartet einer darauf, eine erfreuliche Begebenheit loswerden zu können? Solche Phasen der Stille und der Einkehr sollten wesentlicher Bestandteil des Tagesablaufs werden. Sie helfen in ganz wichtigem Maße Zeit zu haben, um Gedanken zu ordnen und die vielfältigen Einflüsse des Tages besser in den Griff zu bekommen.

## Rund ums Ei (III₂)

Eine hübsche, konzentrierte Übung im Vorfrühling ist das Bemalen von ausgeblasenen Ostereiern. Wer muss da nicht ganz genau aufpassen, damit die Schale nicht zu Bruch geht, dass die Farbe dick genug aufgetragen wird, um nicht zu verlaufen usw.? Grundiert mit wasserlöslichen Farben, kann das Ei ganz unterschiedlich weiter geschmückt werden, z. B. mit Pailletten, Golddraht, Federn, Konfetti, Fadenspuren …

*Das Miterleben jahreszeitlicher Bräuche ist für Kinder in vieler Hinsicht eine Bereicherung.*

Je länger das Kind an seinem Werkstück sitzen bleibt und mit Hingabe und Eifer dekoriert, desto besser.

*Wichtig:* Die Hingabe ist das Ziel einer solchen Kinderbeschäftigung. Das Ei muss Ihnen nicht gefallen. Und selbst wenn Sie es ganz abscheulich finden sollten – behalten Sie dieses Geheimnis bitte für sich und loben Sie das Kind für seine Ausdauer und seinen Einfallsreichtum.

## Verwirrspiel (III₃)

*Wie schnell kann das Kind alltägliche Geschehnisse aus dem Gedächtnis abrufen?*

Das Kind hat vor sich einen Zettel und einen Stift mit dem es gut schreiben kann. Sie selbst haben Fragen vorbereitet, die Sie nun flott nacheinander vorlesen. So rasch es kann, soll Ihr Kind untereinander die Antworten niederschreiben, z. B.:

1. Welcher Tag ist heute?
2. Welche Nachspeise gab es vorgestern?
3. Wie lautet der komplette Name deines Bruders?
4. Buchstabiere „Schneckensalat".
5. Wann ist Papi geboren?
6. Wie heißt die Streichschokolade im Glas?
7. Woraus bestehen Wollstrümpfe?
8. Nenne drei Wörter, die mit „D" beginnen!
9. Wie viel ist 56 geteilt durch 7?
10. … und so weiter …

## Kein Anschluss unter dieser Nummer (III₄)

Wenn es um Zahlen geht, tut ein altes Telefonbuch gute Dienste für folgendes Spiel: Reißen Sie eine Seite aus, die Ihnen gefällt, und halbieren Sie diese. Wer sich extrem fordern möchte, kann natürlich auch die ganze Seite verwenden. Nun suchen Sie sich eine Nummer aus und notieren sie auf einem Zettel. Auf einem weiteren Spickzettelchen vermerken Sie Namen und Adresse, die zu dieser Nummer gehören, falten den Merkzettel und lassen ihn fürs Erste verschwinden. Die Telefonnummer selbst wird nun dem Kind weitergegeben. Es soll durch hoch konzentriertes Vergleichen mit allen Telefonnummern dieser Seite zum richtigen Inhaber des Telefonanschlusses gelangen!

*Tipp:* Lassen Sie sich ruhig auf einen Rollenwechsel ein, die Sucherei bereitet nicht nur kleinen Leuten Spaß!

## Daily News (III₅)

Man nehme die ausgelesene Tageszeitung und veranstalte ein paar einfache Konzentrationsübungen wie folgt: Wer findet in einem bestimmten Bereich oder auf einer Seite ausgeschriebene Zahlen, die in Wörtern versteckt sind, z. B.:

- be*zwei*feln oder
- das All*eins*ein

*Eine Zeitung kann man unter ganz bestimmten Aspekten lesen ...*

Mach eine Strichliste:
- Wie oft taucht in diesem Bericht das Wörtchen „und" auf?
- Übermale jedes vierte Wort mit Leuchtmarker ...

## Merktest (III₆)

Erstellen Sie aus Begriffen, die Ihnen assoziativ einfallen, eine Wörterliste. Die Menge der Wörter richtet sich nach dem Alter des Kindes und seiner Leistungsfähigkeit.

Diese Liste wird nun dem Kind langsam und deutlich zweimal vorgelesen. Anschließend erfolgt eine zweiminütige Pause, in der ganz zwanglos andere Gespräche geführt werden oder normalen Tagesverrichtungen nachgegangen wird. Nun wird die Wörtersammlung noch einmal akustisch präsentiert!

Sofort im Anschluss darf das Kind zum Stift greifen und ohne Störungen alle Wörter, die es sich merken konnte, aufschreiben. Die Reihenfolge spielt dabei keine Rolle. Man darf gespannt sein, wie viele Begriffe hängen geblieben sind. Richtig lustig wird es natürlich erst, wenn auch das Kind sich eine lange Liste für Sie ausdenken darf!

*Tipp:* Je öfter Sie spielen, desto mehr Begriffe kann man in die Vorgabe einbauen.

## Schachtelgarten (III₇)

*Die Beschäftigung mit Naturmaterialien verhilft Kindern zu höchster Konzentration.*

Das Berühren von Sand, das angenehme Gefühl, wenn er durch die Finger rieselt, kann Spannungen lösen und ermöglicht eine Beschäftigung, bei der sich Kinder ganz und gar in sich hinein versenken können und damit unmittelbar auf ihr Tun konzentriert sind.

Ein kleiner Garten darf angelegt werden. Besonders schön wäre natürlich ein echter Sandkasten im Freien, in dem ungestört gewerkelt werden kann.

Die Variante für die Wohnung oder den Balkon besteht aus einer festen größeren Schachtel, die zuerst gut mit Vogelsand bedeckt wird.

Dann ist Fantasie gefragt. Das angenehm weiche Grundmaterial soll nun mit den verschiedensten schönen Dingen der Umgebung geschmückt werden. In Frage kommen alle Gegenstände oder Pflanzen, die dem Kind gefallen, sowie Glasmurmeln, Steine mit besonderer Form, Tannenzapfen, kleine Zweige als Bäumchen, ein Stück blaue Plastiktüte, die einen Teich darstellt …

Außerdem können aus Karton Kämme ausgeschnitten werden, die tolle Spuren im Sand hinterlassen. Vielleicht finden auch kleine Spieltierchen hier im Garten ein gemütliches Zuhause.

*Tipp:* Wird der Garten bis auf den Sandboden geleert, bietet sich bis zu einer Neuinszenierung des Schachtelgartens ein nettes Partnerspiel an:

**„Eichhörnchenversteck"**
Dabei versteckt ein Spieler im Sandboden eine kleine Perle und ebnet anschließend die Oberfläche wieder ein oder verziert den Sand mit den Kartonkämmen. Der andere Spieler ist nun an der Reihe, um mit geschlossenen Augen mit den Hän-

den nach der Perle zu tasten. Anschließend findet ein Part-
nerwechsel statt. Dieses Spiel macht natürlich umso mehr
Spaß, je tiefer die Sandgrundlage ist.

# Intelligenzreihen (III₈)

Intelligenztests beinhalten häufig Zahlenreihen, deren System
erkannt werden soll, um sie dann um ein paar Glieder fortsetzen zu können.

Eine solche Übung ist schnell erstellt und kann während
jeder Tageszeit durchgeführt werden.

Nach welcher Vorschrift funktioniert z. B. folgende Zah-
lenkette?

Richtig! Immer plus 6.

Oder:

Immer geteilt durch 2.

Oder: Was passt nicht in die Reihe?

| 3 | 6 | 9 | 12 | 13 | 15 | 18 |

# Nachgemacht (III₉)

In der Kunst ist das Abmalen von Vorlagen seit langem verpönt: „Es lebe die Kreativität!", ist das Motto. Jedoch sollte auch die Fähigkeit, Ordnungen zu erkennen und anzuerkennen, nicht vernachlässigt werden. Um Muster, Formenreihen, geometrische Bilder kopieren zu können, muss man sich eng an die Vorlage halten und konzentriert Zeichen und Symbole übernehmen.

Scheuen Sie sich also nicht, Ihr Kind auch zwischendurch einmal ein Bild, das Ihnen ausgesprochen gut gefällt, abkupfern zu lassen. Besondere Aufmerksamkeit erfordert das zeichnerische Nachempfinden von Landkarten. Es schadet auch nichts, wenn bereits sehr kleine Kinder spaßeshalber die Umrisse der Erdteile vom Globus abzeichnen. Anschließend wird geraten, um welchen Kontinent es sich wohl handelt. Und wer den Namen auf der Karte findet, darf ihn in die Zeichnung eintragen …

Die ganze Familie kann sich an einem solchen Wettbewerb beteiligen!

Zum Beispiel: Wie verläuft der Fluss Lech zwischen Füssen und Augsburg? Die blaue Linie wird gesucht, genau mit Augen und Fingern verfolgt und dann auswendig auf ein Papier übertragen. Der Vergleich mit der Karte bringt den besten „Nachmacher" ans Licht.

# Kapitel IV

# Wahrnehmungsspiele

*Die Wahrnehmung der Außenwelt liegt jedem*
*Denken zugrunde. Deshalb ist handelndes Lernen,*
*das über verschiedene Sinnesorgane erfolgt, für*
*Kinder besonders hilfreich und sollte im Alltag*
*gefördert werden.*

# Denken und Wahrnehmung

Der erste Schritt innerhalb jedes Denkprozesses ist immer die Wahrnehmung! Das bedeutet, Denken beginnt mit den Fragen: Was sehe ich, wie genau sieht es aus, was höre ich, was spüre ich ...?

Die große Bedeutung von anschaulichem und handelndem Lernen wird hier ersichtlich. Auf die Stufe der Wahrnehmung folgt dann eine Reflexionsphase, in der überlegt wird, was einem alles zur wahrgenommenen Situation oder Problematik einfällt – je mehr Fakten wahrgenommen wurden, desto mehr Assoziationen können sich bilden. So können nun Lösungsstrategien entwickelt werden (je mehr Assoziationen aufgetaucht sind, desto mehr Ansatzmöglichkeiten und Variationskombinationen für mögliche Lösungen gibt es), die dann plötzlich zur endgültigen Lösung des Problems führen.

Unter „Problem" ist jede Angelegenheit zu verstehen, die Handlungsbedarf erfordert, wie z. B.: Ein Architekt soll ein Haus zeichnen, streitende Kinder sollen einen Konflikt lösen, eine Textaufgabe muss berechnet werden, jemand wird von heute auf morgen arbeitslos usw. Je differenzierter also die Fähigkeit wahrzunehmen ausgeprägt ist, desto vielfältigere, aber auch komplexere Denkvorgänge können angestoßen werden.

Hier einige Beispiele, inwieweit Wahrnehmung konkrete mathematische Aufgabenfelder betrifft:

- Größen, Formen, Mengen und Farben erkennen können.
- Größen, Formen, Mengen und Farben unterscheiden können.
- Gleiche Figuren oder Mengenbilder erkennen.
- Zuordnen von Mengen zu Symbol- und Zahlzeichen.
- Lautreihenfolgen hören und einprägen (akustische Wahrnehmung).
- Signale unterscheiden können (z. B. „plus", „minus" ...).
- Unterscheidung von Wesentlichem und Unwesentlichem.

# Augen auf (IV₁)

Spaziergänge, überhaupt Aufenthalte im Freien, bieten enorme Möglichkeiten, die sinnliche Wahrnehmung zu verfeinern. Auf allen Kanälen ist Programm geboten.

- Was hörst du, wenn du die Augen schließt?
- Wer sieht einen Baum mit längeren Nadeln als der Tannenbaum sie hat?
- Von welchem Tier stammen wohl die Fußspuren im Schnee?
- Was befindet sich unten am Baumstamm?
- Welchem Kind gehört wohl der kleine Schaufelbagger im Sandkasten?
- Welchen Landausschnitt betrachte ich: Ich sehe ein Türmchen mit Wetterhahn, davor steht eine rote Kastanie.

*In der Natur lässt sich die Wahrnehmung hervorragend schulen.*

So kann man aus ganz alltäglichen Eindrücken im Nu tolle Beobachtungsspiele machen, die dem Kind genaues Hinsehen abverlangen.

Aber auch Autofahrten bieten reichlich Möglichkeiten für Lernen im Alltag:

- Wo siehst du Schilder mit der Zahl 30?
- Was bedeuten sie wohl?
- Welche anderen Schilder fallen dir auf?
- Der Autofahrer an der Ampel stellt sich blind: „Sag mir, wann ich losfahren kann …"
- Welche Verkehrsteilnehmer dieser Kreuzung dürfen wohl gleichzeitig mit uns anfahren und warum?
- Welche Hausnummer hat das höchste Haus in dieser Straße?
- Merke dir die Reihenfolge der Straßennamen, die wir entlangfahren.
- Wie oft musst du links abbiegen bis zum Supermarkt …?

## Ich kleb dir eine ... (IV₂)

... Rechnung! Wie das funktioniert? Ganz einfach! Mit Flüssigkleber (kein zu dünner) werden kaum sichtbare Zahlen, Zahlenfolgen oder komplette Rechnungen auf Papier geschrieben. Wenn die Spuren getrocknet sind, können Kinder (Augen verbinden) mit ihren Fingerspitzen die Linien abtasten und dann Zahl, Zahlenfolge oder Rechnung mit einem Stift auf ein Blockblatt schreiben. Dann wird das Ergebnis laut vorgetragen, mit dem Original verglichen und gegebenenfalls die Lösung ausgerechnet. Viel Spaß macht das Raten von Würfelaugen.

*Tipp:* Für ganz Fixe werden zwei, drei oder mehr Würfel nebeneinander angeboten!

## Check-up (IV₃)

Jeder gedeckte Mittags- oder Frühstückstisch stellt ein reichhaltiges Stilleben – zumindest an Sonntagen – dar. Nutzen Sie diesen Umstand doch für die Dauer von einigen Spielminuten mit Ihrem Kind: Es soll sich die Tafelfreuden ganz genau betrachten, dann dreht es sich mit geschlossenen Augen zur Wand. Blitzschnell entfernen Sie einen Gegenstand vom Tisch, z. B. einen Löffel, ein Ei, das Marmeladenglas, zwei Tassen ...

Der Spieler dreht sich wieder zum Tisch zurück und checkt die Anordnung: Eier, Semmeln, Marmeladenglas, nanu – das Milchkännchen ist verschwunden! Pro gefundenen Fehler gibt es ein dickes Lob! Schwieriger wird es, wenn die Gegenstände noch nicht auf die einzelnen Sitzplätze verteilt sind, sondern noch in Stapeln auf dem Tischtuch warten: 4 Teller, 4 Löffel, 3 Tassen – was fehlt?

*Tipp:* Je jünger das Kind ist, desto weniger Gegenstände sollten sich auf dem Tisch befinden!

# Kuhstall (IV₄)

Ein einfacher Spielplan wird vorbereitet, bestehend aus einem karierten Blatt Din A 4, welches in 16 gleich große Quadrate eingeteilt wird. So viele Fenster hat der Kuhstall (siehe Abbildung unten). Um die Fenster des Stalls unterscheiden zu können, werden diese jeweils oben nummeriert! (Wer das Spiel mit sehr kleinen Kindern spielen möchte, verringert die Anzahl der Felder und ersetzt die Nummern im Fenster durch gemalte einfache Symbole.)

*Übrigens:* Vor Spielbeginn sollten Sie gleich mehrere Kopien vom Spielplan machen, für weitere Durchgänge zu jeder Gelegenheit!

Dann kann es losgehen: Kind und Mitspieler erhalten je einen Plan. Nur einer von ihnen greift zum Stift und versteckt damit sechs Kühe in sechs beliebigen Fenstern des Kuhstalles, pro Fenster ein Kuhkopf! Wo jeder seine Tiere platziert, hält er geheim, indem er ein Buch aufstellt o. Ä.

Jetzt wird der eigene Plan für dreißig Sekunden dem Partner zur Ansicht gegeben. Dieser prägt sich die tierische Verteilung gut ein, dreht das Blatt und überträgt das Gesehene so gut als möglich auf den leeren Spielplan. Pro richtigen Treffer gibt es zehn Punkte.

*Variante:* Zur Abwechslung kann man natürlich die Tiere auswechseln und
* Tauben in Taubenschläge,
* Mäuse in Mäuselöcher
* oder Käfer ins Blätterdach einziehen lassen.

*Spiele mit Tieren gefallen jedem Kind.*

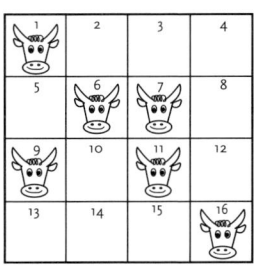

## Papperlapapp (IV₅)

Einfache, einfarbige Pappteller kann man nie genug haben, z. B. für folgendes Rechenspiel:

Jeder Teller ist mit einer Zahl zwischen 0 und 20 beschriftet. Aus dem Stapel zieht das Kind nun mit geschlossenen Augen ein beliebiges Exemplar heraus, legt es vor sich auf den Tisch und erliest die Zahl. Dann greift es in eine Schachtel mit Trockenerbsen (oder Bohnen oder Kürbiskernen …) und legt die entsprechende Anzahl auf den Teller.

*Varianten:*

- Spielen Sie umgekehrt: Auf dem Teller ist eine Menge abgebildet.
- Auf dem Teller steht das ausgeschriebene Zahlwort, das Kind soll Zahl und Menge dazu finden.
- Eine Gesamtzahl ist angegeben, dazu eine Hälfte dieser Menge, das Kind soll die zweite Hälfte suchen.

## Kaufhausdetektiv (IV₆)

*Supermarkt-Prospekte sind ein tolles Spielmaterial.*

Sammeln Sie große Werbeprospekte von Supermärkten mit vielen kleinen Fotos des Ladenangebotes! Damit lässt sich wunderbar spielen! Der Prospekt wird aufgefaltet. Sie sind der Dieb, das Kind der Detektiv.

„Ich klaue Nektarinen", sagen Sie. Der Detektiv überprüft mit Argusaugen die Warenvielfalt und zeigt, so rasch er kann, mit dem Finger auf die gestohlenen Artikel. Ja, ja, nur ruhig noch ein wenig mehr Tempo bitteschön, denn Diebe sind bekanntlich von der schnellen Truppe!

Nach einigen Runden werden dann die Preise unter die Lupe genommen:

- Kreise mit einem Stift alle Dreier ein, die du findest.
- Wie oft taucht die Zahl 11 auf?
- Unterstreiche alle Preise, die zwischen 10 und 20 Euro liegen.
- Welche Lebensmittel kosten 1,99 Euro?
- Wie viel musst du für ein Waschmittel und für eine Packung Toilettenpapier bezahlen …?

## Scan-Fehler (IV₇)

Haben Sie sich heute die Menschen in Ihrer Umgebung wirklich schon einmal richtig angeschaut? Unser Spiel „Scan-Fehler" wird es ans Licht bringen.

*Genaues Beobachten der Mitmenschen schult die Wahrnehmungsfähigkeit enorm.*

Das Kind und ein zweiter Spieler stellen sich gegenüber auf. Nun haben beide eine Minute Zeit, den Partner haargenau abzuscannen! Jedes Detail ist wichtig. Dann kehren sich die Spieler den Rücken zu. Beginnend bei den Füßen, nach oben fortschreitend, geben sie die Beschreibung der einzelnen Bekleidungsstücke, Accessoires, Schmuckstücke, Haarspangen, Farben, Formen und was ihnen sonst noch am Partner auffällt an. Anschließend zählt der andere auf, was er sich gemerkt hat. Sie können sich aber auch gegenseitig abwechselnd eine Frage stellen:

- Was trage ich heute für Schuhe?
- Welche Besonderheit ist an meiner linken Hand zu sehen (Pflaster) usw.?

*Tipp:* Bei Regenwetter kann man sich ruhig ein-, zweimal verkleiden, um das Spiel zu verlängern!

*Variante:* Anstatt des Outfits kann man sich auch Papierstreifen mit deutlich geschriebenen Zahlenfolgen offerieren. Wer kann sich die meisten Zahlen merken? Ist eine Reihe nach einer bestimmten Gesetzmäßigkeit angelegt?

## Mengory (IV₈)

*Memory kann man in vielen Varianten spielen.*

Memory kennt jedes Kind, das Spiel, bei dem alle Karten verdeckt liegen und durch Einprägen der Lage gleiche Bildpaare zusammengefunden werden müssen. Mengory hingegen ist eine kleine Abwandlung dieses Spiels für Kinder, die mehr Sicherheit im optischen Erkennen von Mengen erwerben sollen.

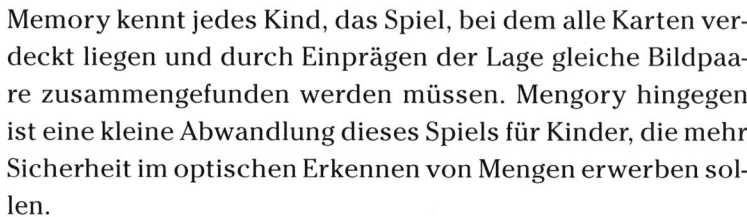

Man nehme bis zu vierzig weiße Kartonquadrate (oder andere Formen) und versieht die jeweils eine Paarhälfte mit einer Zahl von 1 bis 20. Auf der dazugehörigen zweiten Karte wird dieselbe Menge in Form von Tieren, Früchten, geometrischen Formen oder anderen Mustern aufgemalt.

Lassen Sie Ihr Kind bei den Vorbereitungen helfen. Auf diese Weise geht es ganz rasch, ist lehrreich und macht außerdem Spaß.

Bitte achten Sie auf eine übersichtliche Darstellung der Symbole, so wie wir sie vom Würfel her kennen.

*Tipp:* Je jünger bzw. unsicherer das Kind ist, desto weniger Paare werden zunächst ins Spiel gebracht.

## Ballaballa (IV9)

*Die Zuordnung von Ziffer und Menge muss immer wieder geübt werden.*

Das Kind steht mit einem Ball in der Hand in einem Kreis (Straßenkreide, zum Kreis gelegter Schal oder Wollfaden …). Um den Kreis liegen größere Zettel, auf denen Zahlen stehen. Nun klatscht der Spielführer eine Zahl vor, z. B. sechsmal für die Sechs. Das Kind hört aufmerksam zu und zählt mit. Ob es richtig gezählt hat, wird sich gleich zeigen: Genauso oft soll es nun seinen Ball springen lassen, um dann abschließend auf den richtigen Zahlenzettel zu hüpfen.

**Kapitel V**

# Aggressions- und Entlastungsspiele

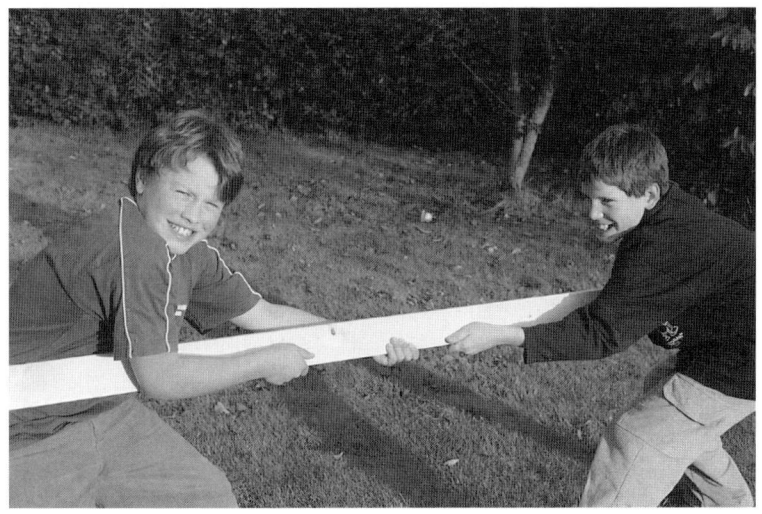

*Jeder Mensch verspürt immer wieder Aggressionen
– natürlich auch Kinder. Wichtig ist es, sie gezielt
ausleben zu können. Spiele können dabei einen
hilfreichen Beitrag zur Spannungsabfuhr darstellen.*

# Aggressionen gehören zum Leben!

*Aggressionen setzen Kräfte frei, die – sinnvoll genutzt – durchaus konstruktiv sein können.*

Unter Aggression wird im eigentlichen Sinne die Fähigkeit zum Herangehen an eine Situation oder an eine Problematik verstanden (lateinisch aggredi = auf etwas zugehen). Ausschlaggebend ist dabei allerdings, in welcher Qualität dieses Herangehen erfolgt – aggressiv-destruktiv oder aggressiv-konstruktiv! Fest steht, dass jeder Mensch eines gesunden Aggressionspotenzials bedarf, um kraftvoll eine Aufgabe bewältigen zu können. Aggressionen müssen also nicht unterdrückt werden. Wichtig ist allerdings, sie in richtige Bahnen zu lenken, d. h. Gefühlshygiene zu betreiben. So kann es nicht von Nutzen sein, wenn sich Aggressionen über die Maßen aufstauen, womöglich bis zum sprichwörtlichen Überlaufen des Fasses. In diesem Fall ist kein klares gedankliches Kalkül mehr zu erwarten. Die Kraft kann nicht mehr im positiven Sinne fruchtbar gemacht werden. Deshalb: Gönnen Sie Ihrem Kind – wenn es ansteht – die Möglichkeit zu einer spielerischen Spannungsabfuhr, auch in Form von Gesprächen, in denen das Kind sich unzensiert „ausmotzen" kann.

Sie finden nachfolgend einige Ideen für spielerische, mehr oder weniger aggressive Aktionen, die eine befreiende Wirkung haben können. Denn nur wer den Kopf frei hat von destruktiven Energien, die am eigenen Selbst nagen, kann sich auf andere Aufgaben, wie z. B. auch das Rechnen, einlassen.

Im Übrigen hat ein ich-starkes Kind bessere Grundvoraussetzungen, um aus der Kraft der Wut einen positiven Ehrgeiz zu entwickeln und zu konstruktiven Ergebnissen zu gelangen. Deshalb ist es auch für einen förderlichen Umgang mit Aggressionen hilfreich, das Kind in seinem Selbstbewusstsein und seiner Selbstsicherheit zu stärken. Spiele dazu finden Sie auf Seite 19 ff.

# Riesen stechen (V₁)

Wer wütend ist, zwickt schon mal den Nachbarn, ziept ihn an den Haaren, oder ein Lineal geht zu Bruch, mit dem heftig auf die Tischkante geschlagen wurde. Beim „Riesenstechen" wird das überbordende Kraftpotenzial zielgerichtet ins Spiel eingebracht und sogar das Rechnen kommt nicht zu kurz:

Jeweils zwei Spieler sitzen nebeneinander. Vor sich ein DIN-A4-Blatt, auf das sie ganz flott bis zu zehn Zahlenriesen einzeichnen (siehe Abbildung unten). Beide einigen sich auf dieselbe Anzahl von Figuren und auf die gleiche Auswahl der Zahlen!

Beispiel: Bei Beginn schließen beide Teilnehmer die Augen. Wer sicher gehen möchte, verbindet sie mit einem Schal. Nun geht es ans gruslige Zahlenstechen. Abwechselnd darf jeder einmal mit einem Bleistift blind in das Papier des Nachbarn stechen. Nach zehn Attacken ist die Runde zu Ende und der Sieger wird folgendermaßen ermittelt: In Partnerkontrolle werden die Punkte festgestellt. Alle Einstichstellen in einen Zahlenriesen sind Treffer und werden in Form einer Strichliste unter diesen Riesen geschrieben. Anschließend muss die Zahl des Riesen mit der Anzahl der Treffer in dieser Figur multipliziert werden. Wer noch kein Einmaleins kann, schreibt die Rechnung einfach als Additionsaufgabe.

*Wer wütend ist, sticht besser einen Papierriesen statt seinen Freund!*

## Küchen-Machos (V₂)

*Hefeteig nimmt eine herzhafte Behandlung nicht übel ...*

Jede zornige Hausfrau weiß es: Auch im Haushalt kann man sich notfalls prima abreagieren! Die Aggressionen werden dann an Lumpen, Besenstielen, Kacheln ... ausgelassen. Und auch die Küche bietet vielerlei Möglichkeiten „anzugreifen".

Zum Beispiel am Wutteig: Ein Hefeteig, bestehend aus welchen Ingredienzen auch immer, soll herzhaft geschlagen, geklopft, in Stücke geschnitten werden usw. Lassen Sie Ihr Kind diese Arbeitsschritte ganz besonders auskosten! Später findet die Klopperei eine kunstvolle Wende, indem z. B. in ein Brötchen kreative Muster gedrückt oder aufgelegt werden dürfen. Dabei müssen zwangsläufig die Kräfte wieder zurückgenommen und in eine konstruktive Richtung gelenkt werden.

Wer wieder ein wenig Mathematik ins Spiel bringen möchte, verlangt z. B. ein Vierermuster aus Kürbiskernen oder ein Muster mit Sechsereinteilung aus Rosinen ... Zähle, rechne und studiere, wie viele Körnchen brauchen wir ...?

Anschließend werden die Teigwaren z. B. in Zehnerreihen aufs Blech gezaubert ...

## Das Frustbuch (V₃)

*Kinder sollen ruhig lernen, sich Frust „von der Seele" zu schreiben!*

Kein Erwachsener hat auch nur den Schimmer einer Ahnung, wie viele Gemeinheiten so ein kleiner Mensch immer wieder hinnehmen muss. Oftmals hat sogar nicht einmal jemand Verständnis und Zeit, sich die Schilderung eines solch fatal erniedrigenden Erlebnisses anzuhören. Nun, Papier ist geduldig! Deshalb wird ein Frustbüchlein angelegt, in welches das Kind alle Demütigungen und Kränkungen schriftlich verewigen darf. Und dabei darf auch durchaus so richtig in die schlimme Kiste der hässlichen Schimpfwörter gegriffen werden.

## Die Grenzpresse (V₄)

Entlang der Längsseite eines Tisches wird ein Zahlenstrahl mit Tesaband befestigt, wobei in der Mitte des Tisches die Zahl Null ihren Platz hat. Papiermaßbänder aus Möbelhäusern ersparen die Arbeit, selbst ein einfaches Zahlenband zu zeichnen!

*Kräftemessen kann man in vielerlei Variation!*

Wichtig: Links von der Null wird ebenso mit 1, 2, 3 weitergezählt wie rechts von der Null. Zwei Spieler gehen an den Start, indem sie sich so auf Stühle setzen, dass ihre beiden Unterarme zwischen den Nullen nebeneinander zu liegen kommen. Auf Kommando beginnen die Streithähne ihren Kontrahenten auf die Seite zu pressen. Wie viele Zentimeter gibt jeder nach? Ein Schiedsrichter wird die weiteste Entfernung von der Null durch farbiges Kennzeichnen auf dem Tesastreifen (Folienstift) festhalten.

*Variante:* Genauso spannend sind messbare Kraftproben in den Disziplinen Fingerhakeln und Schnurziehen (die Minivariante von Tauziehen, nur wird hier an einem Wollfaden gezerrt, dessen Mitte mit einem Knoten markiert wird).

## Zwischenspiel (V₅)

*Lauthals brüllen erleichtert oft ungemein.*

Ein wunderbarer „Dampf-Ablasser" ist dieses Steigerungsspiel für zwischendurch! Wenigstens zwei Teilnehmer sind erforderlich, um einen Wutdialog zustande zu bringen. Begonnen wird ganz leise: Spieler 1 flüstert eine beliebige Zahl innerhalb seines vertrauten Zahlenraums. Spieler 2 antwortet etwas lauter mit der Nachbarzahl, der Erste wiederum steigert mit der Folgezahl seine Lautstärke usw., bis die Zählerei durchaus in einem hemmungslosen Herausschreien ihren Höhepunkt findet. Ab da geht es wieder rückwärts, sowohl in der Zählrichtung als auch in der Lautstärke.

*Varianten:* Der Schlagabtausch der Zahlen kann nach verschiedenen Gesichtspunkten erfolgen:

• alle Zehnerzahlen
• in Zweierschritten
• alle Einmaleinszahlen mit 8
• immer plus 4 oder
• immer minus 6 usw.

Je nach Alter des Kindes, bzw. nach Leistungsstand oder zu bearbeitendem Lernstoff, können beliebig andere Vorschriften gefunden werden.

## Abgeklopft (V₆)

Kind und Spielpartner rollen je einen Bogen Zeitungspapier zu einem länglichen Klopfinstrument zusammen, zu einer Rolle. Auf ein Startkommando hin jagt einer den anderen und versucht durch Schläge auf den Körper (Gesicht aussparen) des Gegners zu punkten. Da heißt es geschickt ausweichen, austricksen und draufkloppen, was das Zeug hält. Jeder eindeutige Berührungskontakt gilt.

*Tipp:* Das Spiel sollte mit viel Humor und Gelächter durchgeführt werden. Es eignet sich auch gut als Zwischenspiel während schwieriger Schularbeiten, um kurz einmal so richtig Frust abzulassen.

## Groll-Serenaden (V₇)

Hier dürfen tolle Instrumentalstücke in Hass-Dur oder Zorn-Moll komponiert werden. Alle Haushaltsgegenstände sind gefragt, mit denen man interessante Geräusche erzeugen kann. Zum Beispiel Plastikschüssel und Kochlöffel, Schlüsselbund, eine Tüte zum Knüllen und Spannen, zwei Topfdeckel usw.

*Beim Musikmachen kann man herrlich „Dampf ablassen".*

Der Experimentierfreude sollten keine Grenzen gesetzt werden. Spannend wird es dann bei der Notation der Klangreihenfolge und der jeweiligen Anzahl der Schläge oder Töne. Das geschriebene Werk könnte vielleicht so aussehen:

Eröffnung: 3 Paukenschläge mit den Topfdeckeln

5-mal Schütteln des Schlüsselbundes

1 Paukenschlag

20 schnelle Klopfer mit dem Kochlöffel auf die Plastikschüssel

…

Je länger das Stück ist, umso besser. Allerdings sollte die Abfolge der Instrumente immer gleich bleiben und am Schluss auswendig beherrscht werden. Damit wird es nötig, sich Zahlen und ihre Reihenfolge gut zu merken. Am Ende des musikalischen Workshops darf jeder Komponist einer hoffentlich geneigten Hörerschaft sein Werkstück präsentieren – sollte es sich auch um nur eine Person handeln, die dann aber geduldig den Klängen lauscht.

## Wutballon (V₈)

Wenn Ihr Kind wieder einmal richtig zornig ist, ja fast vor Wut platzen könnte, darf es bei diesem Entlastungsspiel so richtig Luft ablassen: Ein Luftballon wird aufgeblasen. Mit einem wasserfesten Folienstift darf das Kind die Ursache seiner Frustration auf die Ballonhaut schreiben. Anschließend darf es sich den aufgeblasenen Kerl so richtig zur Brust nehmen. Der Ballon wird gedrückt, gequetscht und niedergemetzelt, bis er platzt! So – erledigt! Zumindest fürs Erste. Denn wie der Konflikt weiter behandelt werden muss, sollte dann später gemeinsam in einer ruhigen Minute überlegt werden.

*Tipp:* Auch aggressionsgehemmte Kinder können mit dem Wutballon ein bisschen in Fahrt gebracht werden.

## Sturmangriff (V₉)

Ein Erwachsener (oder ein anderer kräftiger Gegenspieler) steht in einem Kreis, der mit Straßenkreide oder Klebeband auf dem Boden dargestellt wird. Jetzt wird zum Angriff geblasen: Das Kind stürmt auf den Erwachsenen zu und versucht ihn mit aller Kraft aus dem Kreis zu schieben; auch Täuschungsmanöver und Tricks sind erlaubt! Sobald ein ganzer Fuß im Aus steht, geht der Punkt an den kleinen Angreifer!

*Übrigens:* Das Spiel ist durchaus auch für Mädchen gedacht!

*Variante für Rechenkünstler:* Um den zentralen Kreis liegen weitere Kreise, die mit Zahlen versehen sind. Landet das Bein des Erwachsenen in einem dieser Kreise, so wird diese Zahl notiert. Dabei können immer wieder neue Regeln aufgestellt werden. Zum Beispiel: Wer dreimal auf der Vier landet, muss einen Hamburger spendieren …

Oder: Es werden Strafpunkte vergeben und zwar umso mehr, je höher die Zahl ist, auf die der Erwachsene ausweichen muss.

## Schleuderball (V$_{10}$)

Wenn hitzige Aura über der Gruppe oder Familie liegt, ist die Zeit gekommen für befreiende Schleuderball-Würfe. Man nehme ausrangierte Tennisbälle, mit Sand gefüllte Luftballone oder andere Wurfgeschosse, je nach Spielgelände. Richtig toll schleudern lässt es sich übrigens mit Bällen, die in übrig gebliebenen längeren Herrensocken versenkt werden!

Der Spaß beginnt! Die Teilnehmer treten an die Startlinie, immer einer nach dem anderen! Wer Rechenübungen mit einbauen will, steckt in 1-Meter-Abständen, 5-Meter-Abständen, 10-Meter-Abständen … kleine Stöckchen mit weißen Papierchen in die Wiese oder zieht Kreidestriche auf Asphalt. Wer hat, verwendet natürlich ein Profi-Maßband zum Messen der Wurfweite der einzelnen Mitspieler. Jeder hat die gleiche Anzahl an Versuchen, deren Weiten schriftlich festgehalten und am Ende miteinander verglichen werden.

*Tipp:* Veranstalten Sie Gruppenwettkämpfe! Wie viele Meter erreicht Familie Maier, wenn man alle Wurfweiten der Mitglieder addiert?

*Sportliche Variante:* Wer lieber weitspringt, kann auch hier genügend Messungen vornehmen …

*Wenn Rechnen mit sportlichen Aktivitäten gekoppelt ist, sind viele Kinder mit Feuereifer bei der Sache!*

# Ballongolf (V$_{11}$)

Benötigt werden einige aufgeblasene Luftballone und für jeden Mitspieler ein „Golfschläger" in Form einer Fliegenklatsche oder eines Kochlöffels! Schon kann die harmlose Prügelei beginnen. Die Ballone werden kreuz und quer durch die Luft geschossen, so dass man dabei auch wirklich ausreichend die angestauten Frustrationen abklopfen kann.

Zum Mathespiel wird Ballongolf dann, wenn jeder Ballon mit einem dicken Folien-Marker mit einer Zahl beschriftet worden ist! Nach Abklopfen eines Ballons muss die Zahl zur vorherig getroffenen addiert werden, noch bevor der nächste Golfball berührt wird. Da man sich beim Rechnen konzentrieren muss, ist nur ein Spieler zu Gange, so lange bis er einen Fehler macht. Am Boden liegende Ballone werden immer wieder von außen stehenden Spielern in Umlauf gebracht!

# Kapitel VI

# Sprachspiele

*Um richtig rechnen zu können, muss ein Kind ausreichend Sprachverständnis entwickelt haben. Denn mathematische Operationen müssen textlich verstanden, durchdacht und Lösungswege formuliert werden.*

## Die Bedeutung der Sprache

*Der bewusste Umgang mit Wörtern und Texten sollte Bestandteil des Alltags sein.*

Die schulische bzw. mathematische Leistungsfähigkeit eines Kindes ist wesentlich abhängig von seinem Sprachverständnis, dem sprachlichen Ausdrucksvermögen, dem sprachlichen Abstraktionsvermögen und dem sprachlichen Denkvermögen. Somit ist die Differenzierung verbaler Fähigkeiten ein weiteres Ziel dieses Buches.

Schwerpunkte sind vor allem das Wortverständnis und die Einsicht, dass geringfügige Sinnunterschiede von Wörtern eine andere Gesamtaussage eines Satzes bewirken können. Die spielerische Erweiterung des Wortschatzes ermöglicht ein breiteres Spektrum, Gelesenes zu interpretieren, aber auch Gedachtes in Handlungen und Sprachhandlungen umzusetzen.

Um die Genauigkeit im Sprechen und Sprachdenken geht es im Weiteren, denn schon ein überlesenes Wort im Text genügt, um eine Sachrechnung komplett in den Sand zu setzen. Bei vielen Kindern zeigt sich, dass sie zwar reine Rechenaufgaben gut ausführen können, bei der Umsetzung von Textaufgaben aber erhebliche Schwierigkeiten haben. Es fällt ihnen schwer, sich die Aufgabe vorzustellen und den Lösungsweg zu finden.

Hier ist es wichtig, immer wieder im Alltag auf typische Sachaufgaben hinzuweisen.

Das Sprachverständnis wird selbstverständlich durch Gespräche, Diskussionen innerhalb der Familie am besten gefördert. Schön ist es, wenn das Kind jederzeit von seinen Erlebnissen und Gedanken berichten darf und geduldige Zuhörer findet. Auch bewusstes gemeinsamen Wahrnehmen der Umgebung, z. B. bei Spaziergängen oder Autofahrten, trainiert die Sprache – und gleichzeitig die Wahrnehmungsfähigkeit (siehe Seite 37 ff.).

Wie wichtig das Betrachten und Lesen von Büchern in jeder Altersstufe nicht nur für die sprachliche, sondern für die umfassende intellektuelle Entwicklung des Kindes ist, muss nicht näher ausgeführt werden.

## Lustige Lücke (VI₁)

Zehn Sätze (oder auch mehr oder weniger) werden vorbereitet. Sie schreiben sie auf ein Stück Papier und lassen vor jedem Namenwort Platz frei, indem Sie einen Strich ziehen. Der Inhalt der Sätze ist ganz beliebig! Schreiben Sie auf, was Ihnen gerade einfällt. Soll gespielt werden, so händigen Sie den Lückentext Ihrem Kind aus (Kopien anfertigen, wenn Sie selbst sich beteiligen oder mehrere Mitspieler mitmachen möchten).

Jetzt kommt's darauf an, dass den Teilnehmern genügend passende Eigenschaftswörter einfallen, die in die Lücken eingesetzt werden sollen. Man wartet, bis jeder sein Blatt gefüllt hat. Dann findet eine gemeinsame Lesung der sicherlich oft lustigen Ergebnisse statt. Viel Vergnügen!

*Tipp:* Es ist sinnvoll, vor jeder Runde abzusprechen, ob nach
- passenden Eigenschaftswörtern,
- besonders lustigen Eigenschaftswörtern,
- Quatsch-Eigenschaftswörtern,
- spannenden Eigenschaftswörtern,
- langweiligen Eigenschaftswörtern usw.
gesucht werden soll.

*Variante:* Und dann gibt es natürlich auch Lückentexte, in denen z. B. alle Tunwörter fehlen, oder es sollen alle Namenwörter eingesetzt werden …

*Mit einfachen Spielen lässt sich der Wortschatz trainieren.*

## Ruck-Zuck (VI$_2$)

Ein Begriff wird vorgegeben, z. B. „Schule"! Jeder Teilnehmer hat Stift und Zettel parat und soll nun zehn Assoziationen aufschreiben, die ihm zum Begriff einfallen.

Beispiel:
Schule → Hausaufgaben → Aufsätze → Strafarbeit → Pause → Brotzeit → usw.

Hat jeder die geforderte Menge an Wörtern beisammen, wird verglichen. Einer liest seine Liste vor, die anderen überprüfen ihre eigene Wortliste mitlaufend. Taucht dasselbe Wort auch in der eigenen Begriffsammlung auf, wird es rot abgehakt. Welche Begriffe tauchen selten auf? Welche Begriffe hat nur eine Person gefunden? Warum sind nicht mehr Leute auf diesen Begriff gekommen? Passt er zur vorgegebenen Art der gesuchten Wörter?

## Ersetzt (VI$_3$)

*Sinnverwandte Wörter und Sätze zu finden ist oft gar nicht so leicht.*

Bei diesem Spiel sollen ganze Sätze durch neue ersetzt werden. Ohne dieselben Wörter zu verwenden, sollte der Sinn in etwa erhalten bleiben.

Beispiel:
Opa trägt einen neuen Hut.
→ Großvater setzt sich eine moderne Kopfbedeckung auf.

Der Spielverlauf ist folgender: Jeder Teilnehmer überlegt sich einen Satz und schreibt ihn auf einen Zettel. Dann werden die Zettel an den Nebenmann (bzw. den Spielpartner) weitergereicht. Der Nächste ersetzt den Satz, wobei er sich Zeit lässt und gründlich nachdenkt. Etwas darunter darf er dann einen neuen Satz notieren und ihn wiederum an den nächsten Nachbarn weiterreichen. Nach zehn ersetzten Sätzen gibt es ein Break und die Ergebnisse werden gemeinsam überprüft.

*Variante:* Ein Satz wird laut vorgelesen. Alle Teilnehmer versuchen diesen einen Satz zu ersetzen. Jeder denkt leise nach, dann werden rasch nacheinander die gefundenen neuen Sätze vorgelesen. Welche fallen ähnlich aus?

## Synonym (VI₄)

Ähnlich wie bei „Ersetzt" sollen hier gleich bedeutende Begriffe zu allerdings nur einem Ausdruck (Wortart beliebig) gefunden werden. Wer findet die meisten?

Beispiel: Wie viele Wörter findest du, die dir sagen, dass hier „addiert" werden muss?

Lösungen: vermehren, hinzuzählen, plus rechnen, zusammenzählen, zusammennehmen, die Summe bilden usw.

*Tipp:* Natürlich geben Sie auch andere Wörter vor (Namenwörter, Eigenschaftswörter, Tunwörter), die nicht unbedingt dem mathematischen Bereich entspringen! Dabei braucht man nicht lange zu überlegen! Fast jedes Wort kann auch anders ausgedrückt oder umschrieben werden.

Beispiel fürs Tunwort „bezahlen":
- die Rechnung begleichen,
- Geld geben,
- entlohnen,
- auszahlen,
- Geld verbrauchen,
- Geld ausgeben.

## Feuilleton (VI$_5$)

*Überschriften finden trainiert das Sprach- und Abstraktionsvermögen.*

Bevor die alten Zeitungen und Zeitschriften der letzten Woche im Altpapier landen, sollten Sie sie unbedingt sezieren! Sämtliche Artikel, die inhaltlich für Ihr Kind verständlich bzw. interessant sein könnten, werden ausgeschnitten und in eine Schuhschachtel gelegt. Die Ausschnitte dienen nun zu einem vergnüglichen Ordnungsspiel allein oder für mehrere Teilnehmer, die – einzeln oder in der Gruppe – abwägen, welche Artikel zu welcher Rubrik zusammengefasst werden könnten. Dafür dürfen auch eigene Überschriften für eine Sparte gefunden werden, auch wenn es diese bislang in Ihrer Tageszeitung noch nicht gegeben hat. Hauptsache ist das Erkennen inhaltlicher Gemeinsamkeiten in den Reportagen. Der Bericht über einen jungen, erfolgreichen Geiger z. B. könnte sowohl zu einer Sparte „Berühmte Leute" oder „Jugend musiziert" oder auch zu „Aus aller Welt" … passen.

## Heiteres Wörterraten (VI$_6$)

Es stehen verschiedene Oberbegriffe zur Auswahl: z. B. Berufe, Pflanzen, Tiere, Tätigkeiten, Sportarten, Fahrzeuge …

Der Spielstarter sucht sich eine Rubrik aus und gibt sie laut bekannt. Dazu denkt er sich ein beliebiges zu dieser Rubrik gehöriges Wort. Dieses Geheimwort sollen die übrigen Mitspieler (oder der Spielpartner) herausfinden, indem sie gezielte Fragen stellen, jedoch nicht mehr als 12. Für jede Frage, die mit „Ja" beantwortet werden konnte, gibt es 10 Punkte. Für die richtige Lösung, so sie innerhalb der 12 Fragen gefunden wurde, gibt es nochmals 20 Punkte extra.

Wer das Spiel öfters spielt, kann die Punkte des Kindes sammeln lassen … Dafür gibt es dann einmal ein Eis o. Ä.

*Tipp:* Für die 12 Fragen kann man ein Depot aus 12 Kieseln, Spielsteinen oder Knöpfen zurechtlegen. Nach jeder Frage wird ein Knopf in einen Becher gelegt. So weiß man, wie viele Fragen noch offen sind!

## Im Gegenteil (VI$_7$)

Gemeinsam in der Gruppe werden Kärtchen aus Karton ausgeschnitten (z. B. in der Größe einer Streichholzschachtel). Aus dem Grundwortschatz der jeweiligen Klasse und den zurückliegenden Jahrgängen werden beliebige Tun- und Wiewörter ausgesucht. Je fünf Wörter kommen auf eine Karte. Bei Spielbeginn wird verdeckt eine Karte gezogen und dann offen auf den Tisch gelegt. Rasch greift jeder Spieler zum Stift und schreibt zu jedem Wort ein Gegensatzwort auf einen Block. Sind alle fertig, werden die Ergebnisse verglichen. Welche Gegensätze stimmen?

*Blitzschnell das Gegenteil finden – da ist fixes Denken gefragt!*

Beispiele:

| | | |
|---|---|---|
| fahren | → | stehen, gehen, laufen usw. |
| klein | → | groß, riesig, mächtig usw. |
| suchen | → | finden, entdecken, aufspüren usw. |
| arbeiten | → | ruhen, faul sein usw. |
| traurig | → | fröhlich, witzig, lustig … |

**fahren
klein
suchen
arbeiten
traurig**

## Das dicke Ende (VI$_8$)

Zu (Rechen-)Geschichten soll ein Ende gefunden werden. Steigen Sie z. B. mit einem bekannten Märchen ein und erzählen Sie sich den Anfang. Ihr Kind darf dann berichten, wie die Geschichte ausgeht. Damit ist die Technik des Spiels erklärt!

Nun kommt die Probe aufs Exempel: Findest du auch einen Schluss für eine fremde Geschichte? Zum Beispiel für eine Geschichte wie folgt:

*Rechengeschichten aus der Erfahrungswelt des Kindes sind sehr empfehlenswert.*

„Es war einmal ein kleiner Junge, der hieß Berti. Berti wünscht sich so sehr neue Schlittschuhe. Die sind aber sehr teuer. Sie kosten 70 Euro! Berti steigt auf einen Stuhl und holt seine Sparbörse vom Schrank …"

Jetzt wird es spannend. Wie geht diese Geschichte wohl weiter? Motivieren Sie Ihr Kind, nach verschiedenen Lösungen zu suchen!

Beispiele:
1. Berti hat genug Geld. Sogar mehr.
Daraus folgt die Frage: Was bleibt übrig?
Rechnung:
Antwort:

2. Bertis Geld reicht hinten und vorne nicht. Es sind nur X Euro (lassen Sie konkrete Zahlen finden) in der Börse. Er bekommt von Mutter und Opa noch etwas dazu.
Frage: Wie viel Geld fehlt noch?
Rechnung:
Antwort:

3. Berti zahlt in Raten …

Die Geschichten werden inhaltlich und strukturell dem Alter und Leistungsniveau des Kindes entsprechend angesiedelt! Bei diesem Spiel lernen die Kinder die Struktur einer Textaufgabe besser zu durchschauen. Später erfindet das Kind selbst eine komplette Rechengeschichte.

# Kapitel VII

# Therapiespiele

*Durch behutsames, sensibles Eingehen auf das Kind können Eltern seine Nöte und Sorgen erfahren und ihm Beistand in vielen Situationen leisten. Spiele bieten dabei einen optimalen Zugang.*

# Die Beziehung zum Kind

*Ein Kind muss sich verstanden fühlen – nur dann kann es sein Potenzial umsetzen.*

Diese Überschrift klingt nach Doktor Freud, nicht wahr? Nun, ganz so professionell können Eltern und Kind im Alltag natürlich – und Gott sei Dank – nicht miteinander umgehen. Allerdings wären etwas mehr helfender Beistand und mehr empathisches Verständnis sicher oftmals von Nöten! Viele Kinder tragen Probleme mit sich herum, die von den Eltern gar nicht bemerkt werden oder als banal abgetan werden. Dabei kann ein Kind von einer Sache, die es beschäftigt, völlig gefangen werden und hat dann kaum mehr den Kopf frei für andere – auch schulische – Dinge.

Daher ist es wichtig, dass Eltern aufmerksam auf die Stimmung ihres Kindes achten und bemerken, wenn etwas nicht stimmt. Auch das tägliche Gespräch, bei dem genügend Zeit vorhanden ist und keine Störungen von außen vorkommen, ist unerlässlich, um eine echte Beziehung zum Kind zu haben. Die sozialen Fähigkeiten der Eltern sind also im sensiblen Umgehen mit dem Kind besonders gefordert.

Auch in diesem sozialen Bereich geht es um Wahrnehmungsfähigkeit. Sich genauer mit dem Gegenüber zu befassen, besser hinzuhören, was einer sagt und auch was einer nicht verbal ausdrückt – das sind die Schwerpunkte dieses Kapitels.

Es ist für die Sicherheit und die Vertrauensfähigkeit eines Kindes ganz entscheidend, ob es sich richtig verstanden weiß und ob es Ängste, Sorgen und Nöte wertfrei im gemeinsamen Gespräch artikulieren darf. Damit ist eine solide Basis geschaffen, auf der das Kind sich mehr zutrauen kann, weil es sich auch für den Fall des Scheiterns von einem sicheren sozialen Netz der Familie gehalten weiß.

# Lichtblicke (VII₁)

Besondere Leistungen, erbrachte Anstrengungen, unerwartete oder auch erwartete Erfolge ... rufen nach Lob. Ob es jedoch sinnvoll ist, jeden Fortschritt mit Geld o. Ä. zu begleichen, sei dahingestellt. Andere Werte sind für das Kind wesentlich einprägsamer und damit auch wirklich erst von Bedeutung, da viele Kinder ohnehin keinerlei materielle Not leiden.

*Die Würdigung kleiner Fortschritte des Kindes motiviert ungemein.*

„Lichtblick" könnte ein solches anderes Ritual getauft werden. Dabei weiß jeder der Beteiligten, dass es heute etwas Besonderes zu würdigen gibt. Vielleicht wird so ein „Lichtblick" durch eine extra für diese Anlässe angeschaffte Kerze angekündigt, die beim Mittagessen angezündet wird. Anschließend erfolgt die Verkündung der Neuigkeit.

Mit nennenswerten Lichtblicken sind nicht in erster Linie Ergebnisse oder Leistungen, wie z. B. Noten, gemeint! Schon kleine, erfolgreiche Schritte auf dem Weg dorthin sind von Bedeutung, wie z. B.:

- Klausi hat endlich den Zehnerübergang kapiert.
- Anja hat eine Woche lang sichtlich auf die Heftführung geachtet.
- Rudis Schulranzen wurde unaufgefordert gesäubert und geordnet.
- Nina fragt das erste Mal interessiert nach, wenn sie einen Begriff nicht richtig versteht.

Sicher wissen Sie selbst am besten, welche Ereignisse einen „Lichtblick" in der Entwicklung Ihres Kindes darstellen könnten.

## Familienzoo (VII₂)

Kinder sind oft damit überfordert, wenn sie genau beschreiben sollen, wie es ihnen geht. „Was ist denn los mit dir?", kann man gelegentlich Eltern fragen hören. „Ich weiß nicht" ist häufig die Antwort. Oder das Kind drückt innere Konflikte über körperliche Symptome wie Bauchschmerzen oder Kopfschmerzen usw. aus.

*Wenn Kinder sich als Tiere beschreiben sollen, erhält man wichtige Hinweise auf ihre Verfassung.*

Vielleicht bringt der Familienzoo (oder Gruppen- oder Klassenzoo) ein wenig mehr Klarheit:

Jeder Mitspieler darf sich intensiv ein Tier denken, das am ehesten zu ihm passt. Die Startfrage lautet also: Welches Tier wärst du hier in der Familie, wenn alle Familienmitglieder Tiere wären?

Um ein differenzierteres Bild vom Kind zu erhalten, können auch verschiedene Situationen vorgegeben werden: Stell dir vor, du würdest dich in ein Tier verwandeln. Welches Tier wärst du:

- hier in der Gruppe,
- in deiner Klasse,
- im Unterricht bei deinem Lehrer,
- im Kreis deiner Freunde?

Natürlich wird pro Spiel immer nur eine Situation angeboten. Das nachfolgende Gespräch – eventuell mit Zeichnung – kann interessante Informationen liefern und/oder vielleicht sogar zum Umdenken anregen. Sieht sich doch der zurückhaltende Sohn Daniel in der Klasse tatsächlich als weißer Wolf! Wie passt das zusammen? Daniel kann es vielleicht erklären.

Oder was gar könnte es bedeuten, dass die obercoole Tochter Susanne, die scheinbar gar nichts schreckt, sich innerhalb der Gruppe als blinder Maulwurf sieht ...?

## Traumstudio (VII₃)

In der Kuschelecke des Kinderzimmers oder einer gemütlichen Couch des Wohnzimmers wird ein Traumstudio ins Leben gerufen. Kind und Eltern sitzen gemütlich beieinander – vielleicht bei Kerzenlicht und Knusperchips – und unterhalten sich über Träume.

Wer erinnert sich eines besonders schönen Traums? Gibt es Alpträume? Vielleicht einen besonders gruseligen, der immer wieder einmal auftaucht? Gemeinsam wird erzählt, gerätselt und überlegt, was die eine oder andere Traumsequenz wohl für einen Bezug zur Alltagswirklichkeit haben könnte.

So erfährt man einiges über sich selbst, über seinen Körper, über verborgene Ängste und im Gespräch darüber können Symbole vielleicht zur Botschaft werden. Lösungsansätze kristallisieren sich eventuell heraus, wenn überlegt wird, wodurch der Traum eine Wende erfahren hätte. Was müsste passieren, damit der Alptraum ein Happy End bekäme? Wie müsste sich das Kind im Traum verhalten, damit die Geschichte günstiger verläuft ...?

## Die Superschule (VII₄)

*Wie sollte die ideale Schule aussehen – Kinder haben da oft interessante Vorstellungen!*

Schreibe eine Geschichte von einer Schule, wie man sie sich in den schönsten Träumen vorstellen würde! So oder ähnlich kann der Auftrag lauten, den Sie Ihrem vom Schulalltag gefrusteten Kind erteilen.

Allerdings sollte nach Möglichkeit darauf geachtet werden, dass nicht nur Klischees eingebaut werden wie „nie eine Hausaufgabe", „jeden Tag hitzefrei" usw. Nein, es geht um echte Bedürfnisse im Umgang miteinander. Wie sollte die Lehrkraft in Erscheinung treten, welche Unterrichtsstile würden auf besonders fruchtbaren Boden fallen, welche Themenauswahl wäre für die Klasse zur Zeit interessant, welche Hausaufgaben machen Sinn …?

Am besten wäre es, die Lehrer würden selbst einen Aufsatz mit dieser Überschrift zur Auswahl stellen. Am Ende könnten davon nicht nur die Schüler und vor allen Dingen nicht nur in ihrer Fantasie profitieren …

Aber auch als Heimarbeit könnte eine solche Geschichte ganz nebenbei Impulse für den Schulalltag geben, indem sich das Kind in der Auseinandersetzung mit dem Konflikt klarer wird über eventuell vorhandene Missstände – eine gute Voraussetzung, um in der Schule Anregungen zu geben oder auch wohl überlegte Kritik laut werden zu lassen.

## Die Ärgerkiste (VII₅)

Viel zu viel Ärger wird oft hinuntergeschluckt. Das betrifft aber beileibe nicht nur Erwachsene. Auch und gerade Kinder haben schon eine Menge an Frustrationen „wegzustecken". Doch wohin werden sie gesteckt? Und was passiert, wenn der „Sack" voll ist?

Derartige Situationen, wenn das sprichwörtliche Fass überläuft, kennt man zur Genüge. Deshalb wird eine spezielle Ärgerkiste eingeführt und hoch offiziell eingeweiht:

Jedes Gruppen-/Familienmitglied zieht sich in eine Ecke zurück, denkt an die letzte Schmach, die ihm kürzlich widerfuhr, schreibt die Angelegenheit mit kurzen Worten auf einen Zettel und wirft diesen dann in die Ärgerkiste. Ob anonym verfahren werden soll (z. B. Computerschrift) oder nicht, entscheidet jede Gruppe für sich selbst. Am Ende der Woche wird die Kiste geleert und im gemeinsamen Gespräch ausgewertet. Von wem stammt wohl dieser Zettel? Kann man den Beweggrund für den Ärger verstehen? Wem ist schon einmal Ähnliches passiert? Wie kann man derlei Frustrationen verhindern usw.?

*Tipp:* Außer der Ärgerkiste könnte es beispielsweise auch ein Sorgensäckchen oder eine Schreckschachtel für geheime Ängste geben.

## Der Rechenclown (VII$_6$)

Der Rechenclown ist ein ganz kurzweiliger Zeitgenosse! Je nach Lust und Laune (und Unterrichtsstoff!) formuliert er Fertigkeitsrechnungen (Plus-, Minus-, Mal-, Geteiltaufgaben …) oder eine Rechengeschichte (= Textaufgabe) und gelangt dann selbst zu haarsträubenden Ergebnissen bzw. Lösungsvorschlägen.

Das kann ja schließlich jedem einmal passieren! Ob das Kind die Fehler bemerkt?

Der Clown wird als Hand- oder Fingerpuppe eingesetzt, mit Hilfe derer Sie mit dem Kind spielen. Oder es findet ein kleines Rechentheater mit Kasperlpuppen statt. Anschließend werden die Rollen gewechselt und das Kind übernimmt die Clownrechnung.

*Über Handpuppen findet man immer einen Zugang zum Kind.*

## Das Kugelbrett (VII$_7$)

Eine sehr entspannende Wirkung auf Kinder hat die Beschäftigung mit Ton. Es gibt ihn in jedem Bastelgeschäft in verschiedenen Farben, wobei der weiße Ton keine Verschmutzungen hinterlässt.

Es gibt auch tonähnliche Materialien, die nicht gebrannt werden müssen, z. B. Eva-plast, das zuerst weich geknetet werden muss.

Lassen Sie Ihr Kind zunächst damit spielen und ausprobieren. Das ist besonders wichtig für Kinder, denen der freie Umgang mit Bastelbedarf nicht vertraut ist.

Später kann es hilfreich sein, Themenvorschläge zu machen, die auf das Alter, die Geschicklichkeit und das Interesse abgestimmt sind – z. B. Tiere, durchlöcherte Seifenschälchen usw.

Doch besonders beliebt (und auch schon bei kleinsten Kindern einzusetzen) sind Kugelformen. Und so wird die Töpferei zum anschaulichen Mathematikunterricht:

Lassen Sie Ihr Kind immer zehn kleine Kugeln formen und in Reihen untereinander legen. Wenn das Material ausgehärtet ist, werden immer zehn Kugeln in einer anderen Farbe bemalt und vielleicht sogar lackiert!

Wer sich ein wenig mehr Mühe machen möchte, baut noch ein Brett mit hundert Vertiefungen dazu (mit einer Murmel eindrücken). Aber auch eine Styroportafel vom Trennmüll o. Ä. ergibt ein tolles Rechenbrett, mit dem sich im Hunderterraum spielen lässt.

## Das Familienrezept (VII$_8$)

In einer Familie oder Gruppe gibt es immer dominante und weniger auffällige Mitglieder. Dabei ist gar nicht unbedingt gesagt, dass gerade die lauteren unter ihnen auch die wahrhaft selbstsicheren Kandidaten sind. Durch Familienrezepte kann man auf raffinierte Weise herausfinden, wer sich in der Gruppe wie stark gewichtet fühlt:

Jeder Mitspieler bekommt einen Notizzettel, überschrieben mit dem gemeinsamen Familiennamen (dem Namen der Gruppe, dem Namen der Klasse usw.).

Dann darf jeder die einzelnen Mitglieder der entsprechenden Gruppe untereinander auflisten und dahinter jeweils eine Kilogramm- oder Grammangabe machen. So wird man bald lesen können, wer hier im Vergleich unglaublich schwer wiegt, wer als Fliegengewicht komplett unterzugehen droht oder ob das Kräfteverhältnis in etwa als Gleichgewicht empfunden wird.

Hier das Rezept von Familie Fiederl (spontane Einschätzung der Mutter):

*Mutter Inge: 30 kg*
*Vater Max: 50 kg*
*Sohn Stefan: 200 kg*
*Sohn Martin: 300 kg*

(Ahnen Sie, wer hier wen „erzieht"?)

*Wer hat in der Familie das Sagen, wer wird oft untergebuttert – das Familienrezept bringt's ans Licht!*

## Testamente in Feuer und Flamme (VII₉)

„Das Kind hat einfach zwei linke Hände."
„Jetzt geb ich's auf, aus dir wird nie etwas."
„Das hat er von seinem Vater, der konnte auch nie rechnen."

Solche und ähnliche Prophezeiungen schlagen im Leben von Kindern kräftig und negativ zu Buche. Oft genug wiederholt, können sie direkt zum Fallstrick einer gesunden Entwicklung werden. Gar nicht selten erzählen Erwachsene von derlei Mitbringseln und Altlasten aus Kindertagen. Deshalb ist es an der Zeit, mit solchen subjektiven Vorurteilen aufzuräumen! Jeder Teilnehmer überlegt, welche Stempel dieser Art ihm vom Elternhaus, der Nachbarschaft, der Gruppe, der Klasse, dem Freundeskreis usw. bisher aufgedrückt worden sind. Diese schwächenden Leitsätze werden dann auf einem Notizzettel zu Papier gebracht, zusammengerollt und anschließend – auf Nimmerwiedersehen – im Rahmen einer gemeinsamen Feuerbestattung den Flammen anheim gegeben. Die offizielle Verbrennung der vernichtenden Parolen übernimmt natürlich ein Erwachsener, der dem Kind im weiteren Verlauf bei der Formulierung neuer, positiv ausgerichteter Leitsätze behilflich sein wird.

# Kapitel VIII

# Mathespiele

*Und nun wird gerechnet – aber im Spiel! Denn
in einer anschaulichen Handlung können Kinder
Rechenoperationen viel besser verstehen und
Rechenwege leichter erkennen und nachvollziehen.
Und vor allem macht die Sache Spaß!*

## Was Mathespiele können

Das nachfolgende Kapitel hält ausschließlich reine Mathematikspiele im Sinne von Rechnen parat, aber Rechnen mit viel Spaß und guter Laune! Wie bereits eingangs erwähnt, finden Sie im Anhang eine Zuordnung, mit welchen Spielen Sie jeweils welche rechnerischen Inhalte trainieren können!

Im Unterschied zu den übrigen Kapiteln wird hier nicht aus der Situation heraus und scheinbar zufällig Rechenstoff eingebaut, sondern zielstrebig auf Mathematik zugesteuert. Unter dem Motto: „Mathespiele, die Spaß machen", lernen Kinder auch dieses Schreckensfach zu schätzen. Voraussetzung ist allerdings, dass die Mitspieler das Motto nicht Lügen strafen durch eine missbilligende Haltung, wenn es nicht so klappt, wie es soll. Glücklicherweise kann man ja bei jedem Spiel mehrere Durchgänge einplanen. Also, auf geht's in die erste Runde!

## Mathe-Windows (VIII₁)

*Zahlen werden man besten im Werken mit den Händen „be-griffen".*

Mit Window-Colors soll das Kind seine schönste Eins des Lebens malen. Danach malt es die allerschönste Zwei, die tollste Drei usw., bis mindestens der ganze Zehner voll ist. Nach einigen Stunden, wenn die Kunstwerke getrocknet sind, lassen Sie Ihr Kind die Fenster mit seinen Kunstwerken dekorieren! Es darf sich auf den Scheiben des Hauses je ein besonderes Plätzchen für seine Zahlen suchen. In den nächsten Tagen darf das Kind dann kleine Motive erfinden, zu jeder Zahl die entsprechende Menge – und zu jeder Zahl auch ein anderes Motiv (z. B. Sonnen, Monde, Blumen, Kleeblätter, Tiere usw.)!

## Eier ins Nest (VIII₂)

Zwei Spieler sitzen nebeneinander, auf der Tischmitte steht ein leerer Eierkarton. Jeder der beiden hat zehn Papierknöllchen in der Hand, jeder in einer anderen Farbe. Auf das Kommando „Eier ins Nest" wird geworfen. Sobald die zehn Mulden mit je einem Knöllchen (doppelt besetzte müssen neu beworfen werden) gefüllt sind, „liest" das Kind die zu der Farbverteilung passende Rechenaufgabe ab.

*Tipp:* Auch die Umkehraufgaben lassen sich in der Eierschachtel ganz prima veranschaulichen!

# Der verzinkte Tausender (VIII₃)

*Auch die Menge „tausend" lässt sich veranschaulichen und wird dann viel leichter verstanden.*

Auch für den Aufbau des Tausenders gibt es eine tolle Möglichkeit:

Im Eisenwarenladen gibt es Beilagscheiben (auch Distanz- oder Ausgleichsscheiben), die exakt 1 mm stark sind. Da die Größe des Bohrlochs und des Außenradius der Scheibe für unseren Zweck egal sind, greift man natürlich zu den billigsten.

Zum Beispiel: eine verzinkte Ausgleichsscheibe mit einem 3 mm starken Innenloch nach Din 125. Sie wiegt fast nichts und hundert Stück davon kosten knapp 40 Cent. Mit 4 Euro ist man also stolzer Besitzer eines Bausatzes von Rechenmaterialien für die anschauliche Tausenderkette. Nun fehlt nur noch eine Schnur, dann kann die Fädelei beginnen. Dabei ist es sinnvoll, den Kettenbau auf 10 Tage zu verteilen. Das Kind soll also an jedem der 10 Tage je 100 Scheiben auffädeln! Bei der Arbeit bekommt es Stift und Papier und wird nach je 10 Scheiben einen Strich setzen bzw. eine (Zehner-)Stange malen, um den Überblick zu bewahren. So schleicht sich ganz automatisch die Erkenntnis ein: Ich habe 10 (Tage) mal 10 mal 10 Scheiben aufgezogen = 1000. Künftig dürfte auch die Beantwortung der Frage, wie viele Millimeter 1 Meter hat, außer jedem Zweifel stehen. Die Dicke der Beilagscheiben wurde natürlich eingangs mit dem Lineal abgemessen …

Mit der Kette kann man nun auch die Länge von 1 cm und die Länge von 1 dm handelnd und spielerisch einüben. Wer möchte, bemalt immer 10 cm abwechselnd farbig.

*Hinweis:* 10-mm-Scheiben ergeben, mit dem Lineal gemessen, ziemlich exakt einen Zentimeter, während sich auf die Länge eines Meters (1000 Scheiben) ein paar Zentimeter dazuschmuggeln können. Das hängt von der Unebenheit der maschinell ausgeworfenen Scheiben ab.

## Der silberne Hunderter (VIII₄)

Wenn Sie im Baumarkt, im Perlenladen oder in der Spielzeug-abteilung eines Kaufhauses eine Perle von 1 cm Länge ent-decken sollten, greifen Sie unbedingt zu! Kaufen Sie hundert Stück davon, die Ausgabe lohnt sich. Sie lohnt sich in mehr-facher Hinsicht: Zum einen wird Ihr Kind beim Auffädeln der Perlen handelnd „be-greifen", welche Dimension der Hunder-ter-Zahlenraum hat. Und wenn jede Perle auch exakt 1 cm lang ist, hält das Kind am Ende eine genau 1 m lange Kette in Händen. Ein wunderbares Anschauungsmaterial für den Auf-bau der Längenmaße cm (dm) und m.

*Tipp:* Für den Fall, dass Ihr Sohn es „unpassend" finden soll-te, als Junge Ketten zu fädeln, erklären Sie ihm einfach, es solle eine Weihnachtskette werden, die später mit Silberspray verschönt und über den Christbaum gehängt wird!

## Das Kuckucksei (VIII₅)

Suchen Sie sich aus dem Mathebuch Ihres Kindes 20 Fertig-keitsrechnungen aus (Addition, Subtraktion, Platzhalterauf-gaben, Einmaleins usw., je nachdem, was gerade ansteht) und berechnen Sie das Ergebnis.

Auf einem weißen Blatt Din A 4-Papier ziehen Sie 21 Krei-se und verteilen zunächst die Ergebnisse Ihrer 20 Aufgaben. In den übrig bleibenden Kreis schreiben Sie ein willkürliches Ergebnis ein. Das Spiel beginnt: Sie lesen Ihre erste Rechen-aufgabe vor, das Kind berechnet die Lösung und streicht den Kreis ab.

Nach allen 20 Aufgaben ist nur noch ein Kreis übrig. Es han-delt sich um das Kuckucksei – hoffentlich! Es ist nämlich jener Kreis mit dem falschen Ergebnis. Wer hat ihn entdeckt?

## Rechenmemory (VIII<sub>6</sub>)

*Memory macht jedem Kind Spaß – das kann man fürs Rechnen nutzen.*

Rasch ist aus Karton ein spannendes Memory selbst hergestellt.

Schneiden Sie 20 Kärtchen aus. Schneller geht es mit gekauften Karteikärtchen aus dem Schreibwarenladen. Zehn davon werden mit einer für Ihr Kind relevanten Rechenaufgabe beschriftet (deutliche, dunkle Ziffern) und auf den anderen zehn stehen die Lösungen. Wer möchte, kennzeichnet die Lösungskärtchen auf der Rückseite mit einem Farbpunkt. Die Karten liegen mit der Schrift nach unten auf dem Tisch. Jeder Teilnehmer hebt zuerst eine einfache Karte und dazu eine zweite Lösungskarte mit Farbpunkt auf. Wer die meisten zusammengehörigen Paare (Aufgabe + richtige Lösung) findet, geht als Sieger hervor und wird beglückwünscht.

Inhaltliche Möglichkeiten: Addition, Subtraktion, Einmaleins, Umwandlungen, Teilungen …

*Tipp:* Je größer die Schwierigkeiten des Kindes sind, desto weniger unterschiedliche Aufgaben sollten zunächst gemischt werden.

## Zauberpost (VIII<sub>7</sub>)

Mit echtem Zitronensaft und einem Zahnstocher wird eine saftige Rechnung auf weißes Papier geschrieben. Nach dem Trocknen der Flüssigkeit wird die Schrift unsichtbar!

Diese mathematische Geheimbotschaft wird mit verschwörerischem Blick an das Kind weitergereicht! Ob es den Inhalt errät? Gelingt es ihm nicht, darf das Kind das Papier heiß bügeln. Sofort wird die saure „Tinte" sichtbar und die mehr gemeine als geheime Nachricht darf beantwortet werden!

## Kriegst du's auf die Reihe? (VIII$_8$)

Beim Frühstück, im Freibad, auf Autofahrten oder in vielen anderen Situationen nennen Sie ein paar Zahlen, die nach irgendeinem bestimmten Schema aufeinander folgen, z. B.:

3, 13, 23 (immer plus 10)

Ihr Kind soll die Reihe nun um eine bestimmte Anzahl Glieder fortsetzen (um wie viele hängt davon ab, wie viel Zeit zur Verfügung steht).

Anschließend ist das Kind an der Reihe, Ihnen eine Abfolge von Zahlen zu nennen, deren Geheimnis Sie erkennen und fortsetzen müssen.

Mögliche Schemata:

- alle ungeraden Zahlen
- alle geraden Zahlen
- immer plus 2
- immer minus 1
- immer doppelt
- immer mal 10
- immer geteilt durch 2

## Glasklarer Spaß (VIII$_9$)

Sind Sie gerade beim Spiegelputzen, der während eines Bades angelaufen ist? Nutzen Sie doch diesen Umstand für ein kurzes, lustiges Rechenspiel ohne große Ankündigung:

Mit dem Finger schreiben Sie eine aktuelle Rechenaufgabe in den Kondensationsbeschlag. Kann das Kind die Lösung berechnen, noch bevor der Wasserdampf verdunstet sein wird?

*Tipp:* Auch beschlagene Wagenfenster eignen sich für ein kleines, mathematisches Intermezzo.

*Wenn die Hände beim Rechnen eingesetzt werden, bleibt vieles besser hängen.*

## Einmaleinsklatsch (VIII$_{10}$)

Alle Mitspieler sitzen am Tisch. Das unterhaltsame Rechenspiel kann aber in den unterschiedlichsten Situationen eingesetzt werden. Voraussetzung ist ein niederer Lärmpegel, so dass das Klatschen gehört wird.

Spieler 1 beginnt. Nonverbal stellt er den Teilnehmern folgende Rechenaufgabe:

7 x 6

7 = 7-mal in die Hände klatschen

x = 1-mal mit Daumen und Mittelfinger beider Hände gleichzeitig schnalzen

6 = 6-mal in die Hände klatschen

Der Partner hört aufmerksam zu und berechnet anschließend das Ergebnis. Ist es richtig, darf er die nächste Einmaleinsaufgabe vorklatschen usw.

## Geheimpost (VIII$_{11}$)

*Eine kleine Belohnung zwischendurch ist immer toll!*

An der Kellertür hängt heute ein mit Klebstreifen befestigter Briefumschlag, adressiert an Ihr Kind. Darin befinden sich eine oder mehrere kleine Zettel mit wichtigen Rechenaufgaben, die unbedingt wiederholt werden müssen!

Mit dabei ist noch eine weitere Nachricht, die vielleicht folgendermaßen lautet:

---

**Gutschein**
Für das Lösen der Aufgaben
ohne Gemotze werden dir
30 Fernsehminuten gutgeschrieben!

---

Womöglich ist Ihr Kind bald ganz erfreut, wenn es wieder einmal an einer anderen Türe einen solchen Umschlag mit geheimen Aufgaben und Überraschungen entdeckt!

*Tipp:* Der Gutschein muss natürlich individuell auf Ihr Kind zugeschnitten sein, er sollte schon eine echte Belohnung darstellen.

## Mensch, verrechne dich nicht! (VIII$_{12}$)

Zuerst müssen Sie eine Schwarz-Weiß-Kopie von einem originalen Mensch-ärgere-dich-nicht-Spielplan machen. Mit ein paar Kunstgriffen wird daraus ein spannendes Rechenspiel!

*Bewährte Spiele lassen sich „mathematisch" abwandeln.*

Mit vier verschiedenen Farben (Gelstifte sehen besonders gut aus) markieren Sie beliebig viele Felder (z. B. 6 grüne, 6 goldene, 6 pinkfarbene, 6 gelbe) – gleiche Anzahl je Farbe. Dazu benötigen Sie mindestens doppelt so viele gleichfarbige Karteikärtchen (ideal sind quadratische, einfache Notizzettel, die in vielen Farben als Würfelblock erhältlich sind).

Dann überlegen Sie sich 4 x 6 Rechenaufgaben, die Ihrem Kind besonders schwer fallen und schreiben je eine auf ein Kärtchen. Der Spielverlauf liegt auf der Hand: Wie beim Mensch-ärgere-dich-nicht-Spiel wird gewürfelt und versucht, die sichere Zielgarage zu erreichen. Bei dieser neuen Variante kann man aber nicht „rausgeschmissen" werden!

Hier fliegt raus, wer sich verrechnet! Kommt ein Spieler auf ein farbig markiertes Feld, zieht er aus dem gleichfarbigen Stapel an Rechnungskärtchen die oberste und soll sie fehlerfrei lösen. Dann wandert die Karte zuunterst in den Stapel zurück. Wer zuerst alle Spielsteine im Ziel hat, ist Sieger.

*Tipp:* Je mehr Kärtchen Sie vorbereiten, desto spannender wird es. Schließlich sollen ja nicht andauernd die gleichen Fragen gestellt werden.

# Laufrechnungen (VIII₁₃)

Rechenfertigkeit, Konzentration und Freude an der Bewegung kommen bei diesen Laufrechnungen nicht zu kurz! Beispielsweise an die Kühlschranktüre wird mit Magnetsteinen ein Zettel mit drei Rechenaufgaben geheftet.

Weiter entfernt im Wohnzimmer sitzt Ihr Kind über Stift und Papier und wartet auf sein Kommando. Dann saust es los, liest den Kühlschrankzettel ab, merkt sich die Aufgaben so gut es kann, saust zurück und notiert die erste Rechnung. Wer sich gleich mehrere merken kann, schreibt diese natürlich auch auf seinen Zettel. Ansonsten muss das Kind eben so oft in die Küche hüpfen, bis die letzte Rechnung auf dem Wohnzimmerzettel steht, wo dann anschließend die richtigen Lösungen errechnet werden sollen. So wird also gesprungen, gerechnet und hoffentlich auch jede Menge gelacht – insbesondere, wenn ein Rollenwechsel stattfindet und Ihr Kind auch einmal einen Erwachsenen mit lausig schweren Kühlschrankrechnungen durchs Haus hetzen sieht.

## Rechenjagd (VIII$_{14}$)

Wer an einem verregneten Wochenende Spaß mit Lernen verbinden möchte, startet eine Rechenjagd! Dazu notieren Sie etwa zehn Matheaufgaben, die sich im Schwierigkeitsgrad steigern, auf kleine Karteikärtchen. Pro Karte eine Aufgabe (es kann sich durchaus auch um eine reine Textaufgabe handeln). Jede Karte kommt in einen Umschlag, die Briefumschläge werden mit Pfeilen zur Spurensuche an Türen geklebt, auf dem Fußboden ausgelegt und durchnummeriert! Ihr Kind wird sich anschließend auf die Jagd begeben. Es soll der Reihe nach (Brief 1 bis 10) alle Briefe entdecken, die Karten entnehmen und die Lösung auf die Rückseite schreiben! Und nun, Petri heil! Ihr Kind wird bestimmt Gefallen finden an der Rechenjagd – liegt doch bei Brief 10 eine ganz spezielle kleine Überraschung bereit!

*Wenn Bewegung ins Spiel kommt, macht Rechnen besonderen Spaß!*

## Kopf-Zahlat (VIII$_{15}$)

Heute gibt's zum Nachtisch oder zur Vorspeise einer gemütlichen Mahlzeit eine lukullische Novität, eine kleine Portion „Kopf-Zahlat": Er besteht aus einer kurzen Kopfrechenphase im Kreise der Familie, bei der jeder mitspielt. Eine einfache runde Papiertischdecke liegt in der Tischmitte. Jeder zeichnet mit Kugelschreiber einen kleinen Teller in Form eines Kreises aufs Papier für den heutigen Kopf-Zahlat! Ein Erwachsener stellt die Rechenaufgaben und alle schreiben ihre Ergebnisse untereinander auf ihren gemalten Teller. Anschließend wird die Tischdecke im Uhrzeigersinn zum Nebenmann gedreht. Der Urheber der Rechenaufgaben liest nun laut die Ergebnisse vor, die Teilnehmer korrigieren mitlaufend den vor ihnen liegenden Zahlensalat!

## Differenzrennen (VIII$_{16}$)

Für das gemeine Differenzrennen benötigen Sie einen bereits vorhandenen Spielplan aus Ihrer Spielesammlung, bei dem es darum geht, als Erster mit dem Spielstein ins Ziel zu gehen.

Abwechselnd wird gewürfelt, allerdings mit zwei Würfeln zugleich! Dann muss erst die Differenz der Würfelaugen berechnet werden, denn nur um diese Anzahl darf der jeweilige Spieler vorrücken. Verrechnet er sich, geht er ein Feld zurück.

*Tipp:* Wer möchte, zeichnet selbst einen Spielplan auf DIN-A3-Größe, mit hundert Kreisen mit den Zahlen von 1 bis 100. Übrigens: Profis gestalten sogar bebilderte Exemplare und laminieren sie für viele unterhaltsame Spielrunden.

*Wenn's nicht so einfach sein soll:* Könner verwenden auch drei Würfel oder vier, wobei immer zwei Würfel die gleiche Farbe haben sollten oder sich durch ein anderes Merkmal deutlich von dem anderen Würfelpaar unterscheiden sollten!

## Channel-Test (VIII$_{17}$)

*Selbst Fernsehen kann zum Rechenanlass werden.*

Fernsehprogramme eignen sich ausgezeichnet für die Sicherung mathematischer Grundfertigkeiten! Möchte Ihr Kind heute Nachmittag die Sendung mit dem Grunzelzwerg anschauen? Nun, das darf es gerne tun! Allerdings soll es zuerst berechnen, wie viele Minuten die Sendung dauert. Oder: Um wie viel länger (bzw. kürzer) sie ist als die anschließende Sendung. Wie viele Stunden und Minuten liegen zwischen der Vormittagssendung und ihrer Wiederholung am Nachmittag …? Es lassen sich noch viele weitere, sehr hübsche Varianten ausdenken. Schließlich ist die Fernsehzeitschrift geradezu vollgestopft mit Zahlen.

Beispiel: Ihr Sohn Olli sieht sich eine bestimmte Sendung im Fernsehen an. Unmittelbar danach sieht er sich eine weitere Folge der gleichen Sendung auf dem Video an. Um 15.45 (die passende Uhrzeit müssen Sie sich natürlich selbst errechnen!) Uhr kommt Papa nach Hause und schaltet den Fernseher ab. Wie viele Minuten versäumt Olli (dazu muss das Kind natürlich nachschauen, wann die Originalausstrahlung im Fernsehen beginnt)?

## Rechnung auf Probe (VIII$_{18}$)

Für Kinder, die in der Schule bereits die schriftliche Addition durchgenommen haben, gibt es bei jedem Supermarkteinkauf eine kleine Extra-Übung! Es soll nämlich die Probe aufs Exempel gemacht werden! Stimmt der Kassenzettel tatsächlich?

Mit einem Kugelschreiber wird die Summierung der eingekauften Posten noch einmal nachvollzogen. Dieser wichtigen Überprüfung sollte natürlich auch jede Menge Respekt gezollt werden!

*Tipp:* Lassen Sie Ihr Kind während des Einkaufens die Preise auf einem kleinen Block mitschreiben (natürlich auf- oder abgerundet), um dann noch vor Bezahlung an der Kasse ein Überschlagsergebnis errechnen zu können.

Gehen Sie ruhig einmal nur pro forma zum Supermarkt und kaufen Sie (je nach Leistungsstand Ihres Kindes) vielleicht nur einige wenige Dinge ein. Und dann fällt Ihnen plötzlich nach Betreten des Ladens ein, dass Sie womöglich gar nicht genug Geld dabei haben … So erfüllt die Arbeit des Kindes einen sinnvollen und nützlichen Zweck!

## Cent-Zocken (VIII$_{19}$)

*Wenn mit Geld gespielt wird, sind Kinder immer bei der Sache.*

„Cent-Zocken" bezieht sich auf die neue Währung Euro und Cent.

Auf einer Papiertischdecke wird in der Mitte ein großer Kreis mit ca. 10 cm Durchmesser aufgemalt, darin befindet sich ein kleinerer Mittelkreis (ca. 3 cm). Sämtliche Mitspieler haben den familiären Cent-Spartopf geplündert, jeder startet mit der gleichen Ausgangssumme, z. B. 10 einzelne Münzen. Alle Teilnehmer nehmen auf ihren Stühlen rund um den Tisch Platz. Der Erste beginnt zu spielen, indem er eine seiner Münzen von der Tischkante aus in den Kreis zu schubsen versucht. Der Reihe nach tun es ihm die anderen gleich. Wer dem Innenkreis als Nächster zu liegen kommt, hat die Runde gewonnen und darf alle Münzen dieses Durchgangs kassieren. Wer sein letztes Cent-Stück verloren hat, scheidet jeweils aus. Übrig bleibt der Sieger des spannendsten Geld-Boccias aller Zeiten!

*Tipp:* Sie können natürlich auch unter eine durchsichtige Plastik-Tischdecke einen Papierkreis unterlegen.

# Kapitel IX

# Wettspiele

*Kinder lieben Wettspiele – wer ist schneller, wer hat Recht, wer ist der Geschickteste? Diese Begeisterung lässt sich auch fürs Mathetraining nutzen.*

## Wetten macht Spaß!

*Wetten fördert Reaktionsfähigkeit und Schnelligkeit.*

Kinder lieben Wetten aller Art! In dieses Buch über Rechenschwäche wurden sie aufgenommen, weil die Belastbarkeit eines Kindes unter Zeitdruck einen durchaus entscheidenden Faktor bei der Bewältigung mathematischer Aufgaben darstellt. Wer bei diesen schnellen Spielen mitmachen möchte, muss zwangsläufig alle Bedenken über Bord werfen und stattdessen frech draufloslegen. Große Zauderer und Zögerer werden bald ihre Ladehemmung überwinden, wenn sie Wettkönig werden möchten. Die Chancen dafür stehen gut, denn die Spiele dieses Kapitels sind so ausgewählt, dass – je nach Leistungsvermögen des Kindes – die Inhalte in der Regel beliebig vereinfacht oder erschwert werden können. Weitere Ziele neben der Mutschulung sind die Förderung von Reaktionsgeschwindigkeit, die Verbesserung des Arbeitstempos und der temporären Konzentrationsfähigkeit.

Also dann: „Auf die Plätze, fertig, los!"

## Häuser bauen (IX$_1$)

Jeder Mitspieler benötigt kariertes Papier, Bleistift und Radiergummi! Das Partnerspiel funktioniert nach demselben System wie „Schiffe versenken", nur werden hier Häuser erbaut. Jeder der beiden Spieler zeichnet zwei rechteckige Felder auf sein Papier. Beide werden mit Koordinatensystemen von 1 bis 10 versehen (siehe Abbildung auf Seite 89). Jeder ist nun sein eigener Architekt und erbaut in seinem ersten Feld seine Wohnanlage: Es gilt drei Wohnungen (je ein Kästchen), ein Hochhaus (zwei Kästchen breit, sechs Kästchen hoch), zwei Reihenhäuser (sechs Kästchen breit, drei Kästchen hoch) und vier Doppelhäuser (vier Kästchen breit, zwei Kästchen hoch) im eigenen Grundstück zu errichten. Der Partner tut dasselbe, ebenfalls in seinem ersten Koordinatenfeld.

Im zweiten noch leeren Koordinatengrundstück werden nun durch gegenseitiges, abwechselndes Abfragen der einzelnen Koordinaten die Geheimverstecke der Häuser des Gegenspielers in Erfahrung gebracht (bislang hat er natürlich seine Wohnanlage mit der Hand verdeckt und so vor den Blicken des Mitspielers geschützt). Ist nun eine Koordinate beim Gegenspieler besetzt, d. h. Teil eines Hauses, so wird diese Koordinate eingekästelt. Ist die Koordinate eine Niete, wird ein Kreuzchen gemalt. Gewonnen hat derjenige, dem es zuerst gelingt, die ganze Wohnanlage des Partners aufzudecken!

*Häuser bauen schult die Koordinationsfähigkeit und das geometrische Verständnis.*

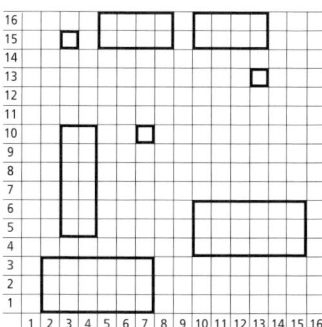 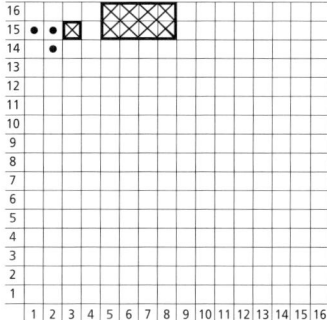

## Schnelle Reime (IX₂)

Sammeln Sie mehrere einsilbige Begriffe, die Ihr Kind kennt und von denen Sie glauben, dass es dazu Reimwörter finden wird. Bei Spielbeginn offerieren Sie den Teilnehmern den ersten Begriff: „Dach".

Achtung – fertig – los! Die Zeit läuft und derjenige mit der größten Ausbeute an gefundenen Reimwörtern geht nach einer bzw. eineinhalb Minuten als Sieger aus dieser Runde hervor. Er darf von der Liste den nächsten Begriff auswählen.

## Karo (IX₃)

*Um schnell zu sein, müssen oft neue Lösungswege und Strategien gefunden werden.*

Für dieses Spiel benötigen Sie einen Bogen kariertes Papier, in dessen obere Hälfte Sie entlang der Kästchen eine x-beliebige eckige Form mit dunklem Filzstift und Lineal aufmalen. Falten Sie nun das Papier zusammen, so dass die Farblinie durch das zweite Papier hindurchschimmert. Nun wird die Form exakt ausgeschnitten (die äußeren Rechenkästchen sollten möglichst unverletzt sein). Und schon erhalten Sie zwei gleiche Formen mit der genau gleichen Anzahl an Karos! Doch wie viele sind es nun wirklich?

Die nachfolgende Zählwette wird zur Lösung führen: Das Kind und ein Gegenspieler machen sich startklar! Gleichzeitig wird beiden Teilnehmern ein Exemplar ausgehändigt und sofort die Stoppuhr gedrückt. Wer wird die Menge der Kästchen in kürzerer Zeit analysieren können?

Je häufiger gespielt wird und je älter das Kind ist, desto mehr Lösungsstrategien werden gefunden! Mit Zählen allein kann sich das Spiel nämlich ganz schön in die Länge ziehen und die Hoffnung auf Sieg schwindet.

*Tipp:* Um z. B. bestimmte Einmaleins-Reihen zu üben, können Sie auch eine verbindliche Anzahl an Kästchen vorgeben, nach deren Häufigkeit auf dem Papier gesucht werden muss.

*Ein Trick:* Natürlich werden Sie in den meisten Fällen das Kind gewinnen lassen, sonst kommt es ja nicht zum Rechnen!

Bereiten Sie ruhig mehrere Papiermusterpaare (oder Mehrlinge – je nach Teilnehmerzahl) vor, das Spiel macht auch nach mehreren Durchgängen noch jede Menge Spaß.

Der Sieger nach Sekunden wird abschließend gebührend gewürdigt.

# Dalli dalli (IX$_4$)

Ein einfacher Spielplan wird auf ein Blatt gezeichnet: Wie von dem Spiel „Stadt-Land-Fluss" her bekannt, schreibt jeder Teilnehmer Rubriken in Spalten ein, die jedoch um Überbegriffe ergänzt werden, die mit Mathematik zu tun haben ...

| | Tier | Pflanze | Beruf | mathem. Begriff | Gegenstand, der 1 kg wiegt |
|---|---|---|---|---|---|
| A | Ameise | Ahorn | Autohändler | Addition | Ananas |

Unter „mathematischem Begriff" sind sämtliche Wörter zu verstehen, die im Rahmen des Rechenunterrichts, innerhalb Textaufgaben oder als Arbeitsauftrag im Rechenbuch vorkommen können. Der Gegenstand, der in diesem Falle ca. 1 kg wiegen soll, kann auch ersetzt werden durch einen Gegenstand, der ungefähr 1 Euro oder 5 Euro kostet o. Ä.

Bei Spielbeginn wird ein Buchstabe bestimmt, indem ein Spieler sich lautlos das Abc durch den Kopf gehen lässt und ein anderer ihn an beliebiger Stelle abstoppt. Mit diesem Buchstaben muss nun jedes Wort, das zur jeweiligen Rubrik gefunden wird, beginnen. Für jeden geeigneten Begriff gibt es nach Abschluss der Runde eine Punktebewertung, die Sie nach eigenem Ermessen festlegen.

*Das beliebte „Stadt – Land – Fluss" lässt sich auch mathematisch spielen.*

## Knöllchen-Wette (IX₅)

*Wer erst mal „schießen" darf, kann danach besser rechnen!*

An jeden Mitspieler werden fünf kleine Notizzettel in verschiedenen Farben ausgeteilt (so viele Farben wie Kinder mitspielen). Dabei ist es wichtig, dass kein Spieler nur Zettel der gleichen Farbe erhält!

Jeder beschriftet dann jeden seiner Zettel mit einem Rechenzeichen (plus, minus) und einer Zahl.

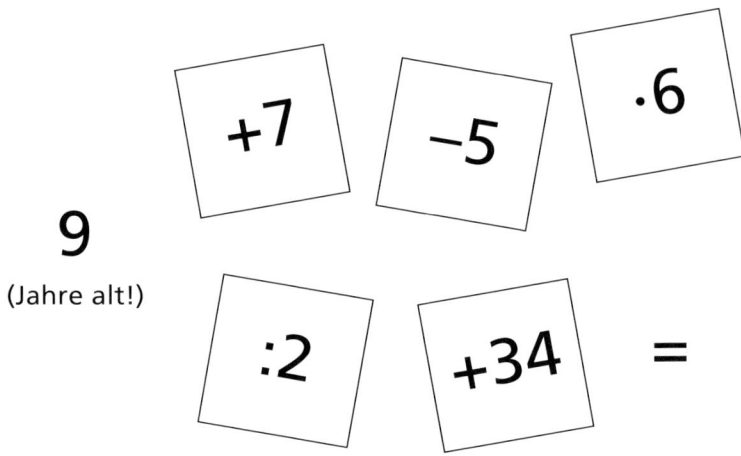

9
(Jahre alt!)

Dann werden die Zettel zu Knöllchen zusammengeknautscht. Mit dieser Munition soll nun in einen Eimer gezielt werden! Blindgänger werden so oft wieder vom Boden aufgehoben und abgeworfen, bis alle Wurfgeschosse im Kübel sind. Nach der Schlacht fischt jeder Mitspieler sämtliche Papierkügelchen einer Farbe heraus und entfaltet die Zettel auf dem Tisch. So entsteht Zettel hinter Zettel eine Kettenrechnung, die jeweils mit dem Lebensalter des Spielers begonnen wird! Anschließend soll jeder Spieler selbst beurteilen, in welcher Reihenfolge die Zettel mit den Zahlen einen Sinn machen. Die Rechnung soll also ausgerechnet werden können.

# Trinkhalm-Bingo (IX$_6$)

Gibt es preiswertere Rechenmaterialien als eine Packung bunter Trinkhalme im Sonderangebot? Greifen Sie zu! Die farbigen Röhrchen werden in etwa gleich große Teile geschnitten. Zum Auftakt des Spiels legt ein Erwachsener eine Reihe Trinkhalmmuster auf dem Tisch ab und gibt damit die Formen – oder Farbreihenfolge vor! Der oder die Spielteilnehmer sollten natürlich dabei nicht zusehen!

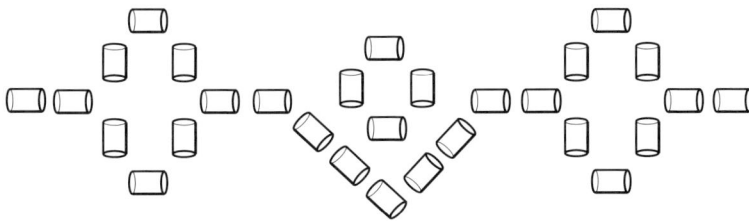

Auf ein lustiges Startkommando hin (das Sie sich übrigens jederzeit neu mit Ihrem Kind ausdenken können– je witziger desto besser, z. B. „Kommando Schlürf") ist das Kind an der Reihe, exakt identische Reihen unterhalb Ihrer Reihenvorgabe zu legen. Wie viele fix und fertigen Reihen sind wohl innerhalb der nächsten drei Minuten zu schaffen? Beim Klingelzeichen hält der Spieler inne, um das Ergebnis auf Menge und Lage der Röhrchen sowie auf die Richtigkeit der Farbreihenfolge hin zu überprüfen. Bei mehreren Teilnehmern siegt derjenige mit den meisten kompletten Reihen und gleichzeitig den wenigsten Fehlern.

## Zahlenschlange (IX$_7$)

*Unter Zeitdruck optimal arbeiten – im Spiel gelingt das Kindern oft hervorragend.*

Alle Mitspieler gehen mit Zettel und Stift an den Start: Am Tisch sitzend erwarten sie den Befehl der Zahlenschlange. Er lautet: Schreibe alle Zahlen ab null auf deinen Block, die z. B. durch 2 teilbar sind! Wie weit werden die Teilnehmer kommen, während die Zeituhr läuft? Zeitmesser sind entweder Sie selbst und rufen nach einer Minute oder früher oder später (je nach Niveau und Spielalter) „Stopp"!

Oder Sie stellen einen Küchenwecker bzw. eine mobile Zeitschaltuhr auf, deren Klingeln nach der abgelaufenen Zeit zum Vergleich der Ergebnisse aufruft.

Weitere Befehle der Zahlenschlange:

Schreibe alle
- Zahlen der Reihe nach auf, die durch 3, 4, 5 oder 6 … teilbar sind.
- Zahlen der Reihe nach auf, die mit dem Buchstaben „S" beginnen.
- Zehnerzahlen mit linken und rechten Einernachbarn bis 100 auf.
- Zahlen ab 15 auf, die du erhältst, wenn du immer + 3 rechnest.

# Kapitel X

# Kreativspiele

*Flexibel reagieren und konstruktive Lösungen finden – das ist im Leben gefragt. Im Spiel lässt sich Kreativität in vielerlei Hinsicht fördern.*

## Kreativität – eine wichtige Fähigkeit

*Kreativität gehört zu den Schlüsselqualifikationen im Berufsleben.*

Kreativen Fähigkeiten wird heutzutage im Berufsleben eine sehr große Bedeutung beigemessen. Mit Kreativität ist dabei eine gewisse Flexibilität gemeint, sich stetig neu auf veränderte Situationen, Personen, Bedürfnisse, Problematiken usw. konstruktiv einstellen zu können und dabei eine Bandbreite an innovativen Ideen zur Umsetzung, Gestaltung oder Problemlösung aus dem Ärmel schütteln zu können.

Innerhalb der Mathematik bedeutet dies, dass das Kind befähigt sein soll, strukturelle und rechnerische Probleme zu bewältigen.

Beispiele:

- Wenn ich die Platzhalteraufgabe nicht lösen kann, versuche ich es vielleicht mit der Umkehraufgabe usw.
- Bei Textaufgaben führen im Zweifelsfall mehrere Wege zur richtigen Lösung …
- Wie könnte ich mir den Inhalt der Sachaufgabe zeichnerisch veranschaulichen …?
- Und selbst wenn man die Aufgabe überhaupt nicht versteht – wie könnte man ganz mutig eine Lösungsstrategie entwerfen, die womöglich jener Lösung einer artverwandten Rechenaufgabe von vorgestern ähnelt …?

Diese Beispiele machen sehr deutlich, wie das freie Schöpfen aus dem eigenen, kreativen Potenzial doch stark von der kognitiven Strukturierungsfähigkeit abhängt. Es geht also darum, bei Kindern diese Strukturierungsfähigkeit zu trainieren.

Unter Kreativspielen verstehen wir damit in diesem Kapitel nicht das gänzlich freie Spielen, sondern das themengebundene und lösungsorientierte Spielen mit Gedanken und Ideen. Denn erst das Ziel, das erreicht werden soll, nötigt dazu, sich zur Erlangung desselben etwas Tolles einfallen zu lassen.

## Papptheater (x₁)

Die nächste größere Haushaltsmaschine lassen Sie unbedingt mit Karton anliefern! So eine Riesenschachtel – beispielsweise einer Waschmaschine – ist insbesondere für kleinere Kinder ein tolles Utensil. Man kann darin sein Bettchen machen, ein Haus bauen oder daraus ein tolles Kasperletheater basteln: Einfach hochkant stellen und im oberen Drittel ein querformatiges Fenster einschneiden, fertig. Wer möchte, bemalt das Theater wunderschön und/oder beklebt die Außenflächen mit allerlei Schnickschnack. Richtig los geht's dann mit den Vorführungen. Ob mit echten Kasperlefiguren oder mit einfachen Puppen und Kuscheltieren hantiert wird, spielt keine Rolle.

*Tipp:* Aus rohen Kartoffeln, die auf Stecken gespießt werden, lassen sich tolle Stabpuppenfiguren basteln! Zwei Reißnägel für die Augen, ein Nagel als Nase, ein aufgeklebter, roter Wollfaden für den Mund ..., schon ist ein lustiges Kartoffelkasperle geboren!

*Kasperle spielen begeistert jedes Kind!*

## Tischsprüche (x₂)

Ob Sie vor einer Mahlzeit ein gemeinsames Tischgebet sprechen oder sich in anderer Form einen guten Appetit wünschen, es schadet sicher nichts, wenn Sie und Ihr Kind sich ein paar neue, nette Möglichkeiten ausdenken, wie man sich zum Essen begrüßen könnte. Tischsprüche sollen also gefunden und erdacht, gedichtet oder gereimt werden. Die sechs besten Ergebnisse (vom Familienkomitee abgestimmt) könnten auf den Seiten eines größeren Holzwürfels aufgeklebt werden, der vor Beginn des Mahles von je einem anderen Teilnehmer geworfen und anschließend verlesen werden darf.

## Im Rahmen der Natur $(x_3)$

Aus einem einfachen Holzrahmen, der aus vier ca. 5 bis 7 cm breiten Leisten (nicht zu dick) zusammengeleimt ist, wird ein wahres Schmuckstück für die Wand: Die Grundleiste dient als Boden für ein Reliefbild aus echten Naturmaterialien. Hübsch geformte Äste, getrocknete Halme, Steinchen, Stücke von Baumpilzen, Kastanien, Hagebutten …, aber natürlich auch Blumen, die zum Trocknen geeignet sind, kommen in Frage. Der Fantasie sind bei der Zusammenstellung des Kunstwerks keinerlei Grenzen gesetzt! Befestigt werden die einzelnen Elemente mit Heißkleber, aber auch weiches Bastelwachs ist möglich.

*Tipp:* Wem der Aufwand mit Holzleisten zu groß ist, kann auch mit festen Kartonstreifen arbeiten.

## Patent Nummer 01 $(x_4)$

*In jedem Kind steckt ein Erfinder!*

Jeder Tüftler, der ein echtes Patent sein Eigen nennen kann, muss vor seiner Erfindung vor einem Problem gestanden sein, das er auf irgendeine Weise zu lösen gedachte …

Genau darauf zielt dieses Spiel ab! Alle Mitspieler nehmen sich Zeit und gehen in sich. Gibt es irgendetwas im Haus, im Garten, in der Schule, auf der Werkzeugbank, im Küchenbereich, das der Verbesserung bedürfte? Ein Umstand, der einem schon lange negativ aufgefallen ist und man sich fragt, warum bisher noch niemand etwas dagegen oder dafür erfunden hat?

Also bitte – selbst ist das Kind (und sein väterlicher, großmütterlicher oder sonstiger Erfinder-Coach). Vielleicht wartet die Menschheit ja schon längst auf die Luftballon-Knallanlage, auf einen beleuchteten Fahrradsattel oder Inliner für nur ein Bein … Spornen Sie Ihr Kind an, nach einer solchen Sache zu forschen und vielleicht sogar die Entwicklung eines gebastelten Modells zu versuchen. Beim Patentamt selbst gibt es jederzeit auf Anfrage und bisher kostenlos einen Anmeldebogen für ein Gebrauchsmuster oder ein Patent mit ausführlicher Broschüre, wie der Antrag formuliert bzw. die Erfindung beschrieben werden muss.

*Tipp:* Auch wenn Sie diesen Antrag niemals beim Patentamt einreichen, lohnt es sich dennoch, ihn anzufordern und das Kind ausfüllen zu lassen, denn die geforderten Beschreibungen und Zusammenfassungen erfordern sehr viel logisches Denkvermögen.

## Kieselstatuen (X$_5$)

Aus kleinen und mittelgroßen Kieselsteinen dürfen Figuren gebastelt werden. Jeder Teilnehmer berechnet ungefähr, wie viele Steine er für wie viele Skulpturen benötigen wird. Bereits bei der Suche der Steine sollte man auf ihre Formen achten. Welche Steinform bietet sich an für einen Kopf? Der Bauchstein muss natürlich schon wesentlich dicker sein, vielleicht ein wenig oval. Köpfe, Bäuche, Arme, Beine, Hände, Füße, Hüte und anderes können gleich auf der Kiesbank in unterschiedlich beschrifteten Papiertütchen gesammelt werden. So kann man sich zu Hause gleich ans Werk machen. Ein ganzes Männchen (oder ein Tier …) wird zunächst versuchsweise aneinander gepasst. Stehen die geeigneten Steine fest, werden sie vorsichtig mit der Heißklebepistole miteinander verbunden. Wer möchte, bemalt die Männchen anschließend mit bunten Wasserfarben (wenig Wasser!). Ein Lackspray verleiht den kleinen Kunstwerken den letzten Glanz.

*Tipp:* Mehrere Männchen kann man wiederum mit Heißkleber auf einem großen, flachen, bemalten Stein gruppieren, das sieht ganz fabelhaft aus!

*Mit Steinen lässt sich vielerlei gestalten.*

99

## Das Forschungszentrum (X$_6$)

*Den Dingen auf den Grund gehen – das tun Kinder gern und darin sollten sie ermutigt werden.*

Machen Sie doch Ihre Wohnung während einer Schlechtwetterphase oder an langweiligen Samstagnachmittagen zu einem kleinen „Forschungszentrum".

Ideen zu Forschungsaufträgen werden gemeinsam in der Familie oder in der Gruppe geboren. Auch aus Heimat- und Sachkundebüchern oder Lexika kann man sich Anregungen holen.

Je nach Alter oder Interessenlage des Kindes werden dann Spezialaufträge erteilt, wie z. B.:

- Untersuche ein Gänseblümchen: Aus welchen Teilen besteht es?
- Wie heißen die verschiedenen Sträucher, die du in unserer Straße entdecken kannst (Pflanzenbestimmungsbuch)?
- Wann und weshalb schlägt im Badezimmer oben die Fensterscheibe zu? Untersuche!
- Lies nach – wie wird ein Lagerfeuer aufgebaut?

Sinnvoll ist es natürlich, die Themen nach Ihrem Repertoire an Sachbüchern o. Ä. auszurichten.

Wie Ihr Kind das Problem löst, welche Bestandteile sein Vortrag, seine schriftliche Erklärung (Beschreibung, Zeichnung, ausgeschnittenes Foto aus Illustrierten ...) enthält, bleibt der kindlichen Kreativität überlassen.

Wichtig ist in jedem Fall ein würdiger Abschluss, bei welchem Sie die Ergebnisse mit großem Interesse zur Kenntnis nehmen, sie gegebenenfalls ergänzen und das Kind tüchtig loben.

# Radieschen, Mäuse und Co. (X₇)

Goldige Radieschenmäuse entstehen, indem man große Kürbiskerne oder Mandelsplitter als Ohren ins Radieschen steckt. Die Radieschenwurzel ist der Schwanz! Auf einer Käseplatte angerichtet dienen die Tiere zunächst als Augen- und später als Gaumenschmaus.

*Als „Koch" kann man wunderbar kreativ werden.*

Alle Mitspieler sollen sich eine Reihe von Ideen für unterschiedlichste Tellergarnierungen zurechtlegen und dann die besten Ergebnisse in die Tat umsetzen: Jeder Küchenmeister mache sich ans Werk!

Ihr Kind soll zunächst den häuslichen Bestand an Gemüse, Obst, gekühlten Leckereien, Knabbergebäck usw. überprüfen. Anschließend werden in einer ausgesprochenen Häppchen-Erfinder-Phase tolle Kombinationen und Arrangements für Tellergarnierungen ausprobiert und als Rezeptnotiz auf einem Block festgehalten, um alsbald in die Tat umgesetzt zu werden.

Der nächste gemütliche Feierabend bietet sicher irgendeinen Anlass, dem man mit solch einer Küchenkunst gerecht werden sollte …

Und zu den leckeren Mäuschen passt eventuell ein himmlischer Löwenzahn-Aperitif …, was auch immer außer frischen Löwenzahnblättchen in diesem Getränk enthalten sein könnte! Dieses köstliche Problem soll ja schließlich Ihr Kind irgendwie lösen. Guten Appetit!

## Hübsches aus der Einkaufstüte (X8)

Zur Verfügung stehen: eine Klarsichtplane in der Breite des Kinderzimmerfensters, Flüssigkleber, Schere und eine Sammlung bunter Plastiktüten. Eine Jalousie darf völlig selbstständig hergestellt werden! Dazu benötigt das Kind zuerst einmal ein Rahmenthema, eine Szene, ein Bild eines Märchens, wie der Klarsichtvorhang beklebt werden könnte. Eine kleine Bleistiftskizze hilft weiter. Auch die Größe der einzelnen Figuren sollte bedacht werden. Mit Lineal oder Maßband lässt sich die passende Höhe in etwa abschätzen. Dann werden die Bildteile aus den bunten Plastiktüten ausgeschnitten. Wer sich mit Vorzeichnung sicherer fühlt, kann mit löslichem Folienschreiber die Umrisse aufs Plastik malen …

In welcher Zusammenstellung sieht nun das Vorhangbild am schönsten aus? Bevor geklebt wird, darf ausgiebig hin und her probiert werden. Doch auch bereits geklebte Teile lassen sich noch eine ganze Weile lang korrigieren. Der fertige Vorhang wird zuletzt mit Klebeband entlang dem Fensterrahmen fixiert und hält als neues, leuchtendes Accessoire Einzug ins Kinderzimmer.

# Kapitel XI

# Bewegungsspiele

*Denken und Bewegen sind eng miteinander verbun-*
*den. Denn Bewegung verschafft Sinnesreize, die*
*wiederum das Gehirn anregen. Deshalb ist Bewe-*
*gung für Kinder so wichtig – und außerdem lieben*
*es Kinder, herumzutollen und sich auszutoben.*

## Motorik und Denken

*Den eigenen Körper in der Bewegung zu erfahren ist äußerst wichtig für die Entwicklung des Kindes.*

Motorische Sicherheit ist nicht zuletzt auch für die Entwicklung geistiger Wendigkeit von Bedeutung. Sie setzt viele Bewegungserfahrungen des Körpers voraus. Wenn man sich vorstellt, dass ein ungeborenes Kind neun Monate im Fruchtwasser schwimmt bzw. unwillkürlich den Bewegungen der Mutter ausgeliefert ist, scheint es nahe liegend, dass der Mensch – „an Land gespült" – räumliche Orientierung finden muss. Dies geschieht wesentlich durch vielfältige Bewegungserlebnisse. Dadurch und durch visuelle, taktile, akustische Wahrnehmung werden Begriffe wie links, rechts, unten, oben, hinten, vorne usw. vom eigenen Standort aus erfahren. Bereits in diesen Phasen findet pränumerisches Rechnen statt. Erst dann können diese konkreten Angaben auf schulisches Lernen übertragen werden. Sie sind Basis für die Lernschritte weg vom gegenwärtigen, anschaulichen Objekt hin zu abstrakten Zusammenhängen und höheren Ordnungen. Den eigenen Körper spüren, die eigene Identität über Körper und Bewegung erfahren, aber auch bewusste Körpersteuerung und Kontrolle sind Ziele der Spieleauswahl dieses Kapitels.

## X-Bein-Trab (XI₁)

Ein lustiges Bewegungsspiel ist der X-Bein-Trab, bei dem es auf Konzentration, motorische Geschicklichkeit und Gleichgewichtssinn ankommt:

Mit einem Wollfaden wird eine kurvenreiche Strecke auf dem Zimmerboden ausgelegt. Das Kind steht am Start. Dort wird ihm eine alte Zeitung zwischen die Knie geklemmt, die es nicht verlieren darf, bis es am Ziel angelangt ist. Los geht es, immer dem Faden lang!

Wer kippt oder wem die Fracht entgleitet, muss wieder von vorne anfangen.

*Übrigens:* Auf Zehenspitzen geht's leichter!

*Variante:* Statt Wollfäden können Sie auch Spuren mit Straßenkreide ziehen oder Zettel mit Zahlen (des erarbeiteten Zahlenraumes) am Boden auslegen und dann eine bestimmte Reihenfolge dieser Zahlen vorsprechen. Von Zahl zu Zahl verläuft dann die Parcoursstrecke des Kindes.

## Zehnerle (XI$_2$)

„Zehnerle" ist ein Uraltspiel und dennoch zeitlos spannend, unterhaltsam und lehrreich. Man kann es allein, zu zweit oder auch in der Gruppe spielen. Benötigt werden eigentlich nur ein Ball und eine Hauswand oder eine Mauer. Jeder Spieler tritt einzeln und nacheinander an die Wand. Der Ball wird zunächst zehnmal gegen die Wand geprellt und wieder gefangen. Alle Mitspieler durchlaufen diese erste und einfachste Runde. Im zweiten Durchgang wird der Ball an die Wand geworfen und der Werfer klatscht währenddessen einmal in die Hände, bevor er den Ball wieder fängt. Runde 3 wird noch happiger: Es muss nämlich zweimal geklatscht werden, in Runde 4 dann dreimal usw., so weit es die Geschicklichkeit und das sportliche Tempo erlauben. Es müssen aber immer zehn erfolgreiche Würfe fehlerfrei geschafft werden, ehe die Runde als bestanden gilt (natürlich kann jede Spielergruppe individuell Regeln erstellen)! Weitere Schwierigkeitsstufen:

*Ballspiele sind auch heute noch aktuell!*

- werfen und sich einmal im Kreis drehen,
- werfen und unter jedem angehobenen Oberschenkel einmal klatschen,
- rückwärts werfen, klatschen und vorwärts fangen,
- hoch werfen an die Wand, ein Rad schlagen und fangen.

## Doppelbock (XI₃)

*Hüpfen und zählen – ein altbewährtes Spiel, neu umgesetzt!*

Wer kennt nicht das klassische Kästchenhüpfen? Beim Doppelbock wird's mathematisch: Auf Asphalt werden mit Straßenkreide 20 Kästchen gemalt. In ihnen stehen die Zahlen von 1 bis 10, jede Zahl kommt zweimal vor. Die Zahlen werden beliebig angeordnet.

| 9 | 2 | 8 | 4 | |
|---|---|---|---|---|
| 1 | 7 | 0 | 6 | 10 |
| 10 | 2 | 4 | 5 | 3 |
| | 5 | 6 | 3 | 7 |
| | 9 | 1 | 8 | |

Bei Spielbeginn stellt sich ein Spieler auf irgendein Kästchen (die Zahl muss noch gut zu erkennen sein). Das Kind liest die Zahl ab, rechnet leise und hüpft dann einbeinig auf die entsprechende Ergänzungszahl. Die beiden Zahlen müssen zusammen immer 10 ergeben.

*Variante:* Die Zahlen von 1 bis 20 werden auf eine „Fleckerldecke" geschrieben.

Das Kind hüpft auf eine Zahl, z. B. die 8. Daraufhin nennen Sie entweder eine höhere oder eine niedrigere Zahl. Nun hüpft Ihr Kind auf diejenige Zahl, die entweder dazu- oder abgezählt werden muss, um zu Ihrer genannten Zahl zu gelangen.

# Gummitwist (XI₄)

Ein schlichter, langer Hosengummi wird zusammengeknotet. Spannt man ihn um die Vorderbeine zweier gegenüberliegender Stühle, hat man ein Sportgerät, das vielfältige Fähigkeiten fördert bzw. trainiert. Das Merken der Bewegungselemente, die hintereinander folgen, ist schon gar nicht so einfach. Deshalb sollte gemeinsam mit dem Kind eine lustige Übung mit noch lustigerem Namen gefunden werden, die nicht zu schwierig, aber keinesfalls zu leicht sein darf!

Ferner werden Konzentration, Geschicklichkeit, Reaktionsschnelligkeit und Gleichgewichtssinn trainiert.

Rechnerisch wird's sowieso: Gewisse Schritte bzw. Sprünge müssen innerhalb eines Spieldurchgangs mehrmals absolviert werden. Da die Gummihöhe von ganz unten bis zur Mitte des Stuhlbeins und dann ganz nach oben (oder natürlich an den Beinen zweier Mitspieler von Wade bis Knie bis Oberschenkel) gesteigert werden, ergeben sich mindestens drei Durchgänge, bei denen jeweils die gleiche Schritt- bzw. Sprungkombination wiederholt und die Fehleranzahl gemerkt werden muss …

*Gummitwist ist ein beliebtes Pausenspiel.*

## Mister Bubblegum (XI₅)

*Die Koordination und Abfolge verschiedener Körperbewegungen ist gar nicht so einfach!*

Bei diesem Bewegungsspiel geht's ganz schön hoch her! Die sieben Söhne des Mister Bubblegum sind leicht hysterisch: Sie verweigern die Nahrung, sind chronisch verärgert und zeigen ihre Wut, indem sie mit sämtlichen Körperteilen wackeln. Eine nach der anderen kommt immer eine neue Bewegung hinzu. Um welchen Körperteil und um welche Bewegung es sich handelt, das bestimmt der Spielführer (der Erwachsene, der mit dem Kind spielt). Dazu gibt es folgenden Text. Er wird sehr energisch und rhythmisiert gesprochen, damit er zu den Launen der Söhne passt:

*Mister Bubblegum*
*hat sieben Söhne,*
*sieben Söhne*
*hat Mister Bubblegum.*
*Und sie aßen nicht*
*und sie tranken nicht;*
*Ja, sie hatten viel Verdruss!*
*Kommando:*
*Und das rechte Bein …*

Nun wird der Text erneut gesprochen, wobei alle Spieler mit dem rechten Fuß stampfen …
Weitere Kommandos:

*… und das linke Bein (schlägt aus)*
*… und der rechte Arm (schlottert)*
*… und die linke Hand (winkt)*
*… und die Ohren (wackeln)*
*… und die Augen (zwinkern)* usw.!

Der Witz liegt darin, dass jedes Kommando beibehalten werden muss! Zuerst mit dem Fuß stampfen und danach mit einer

Hand zu winken wäre ja kein Problem! Nein, es wird gestampft, dann kommt das zweite Kommando hinzu. Das heißt, es wird gleichzeitig gestampft und gewunken. Im nächsten Durchgang müssen schon drei Bewegungen zugleich ausgeführt werden. Erst wenn's den ganzen Kerl so richtig schüttelt, handelt es sich auch wirklich um einen waschechten Bubblegum!

## Ein Stock, ein Hut, ein Regenschirm (XI$_6$)

Dieses lustige und altbekannte Laufspiel macht auch Kindern heutzutage noch sehr viel Spaß. Man läuft zu zweit (oder zu dritt, zu viert …) los und spricht dabei folgende Zeilen:

*… und eins*
*und zwei*
*und drei*
*und vier*
*(usw. bis: und zehn),*
*ein Hut, ein Stock, ein Regenschirm*
*und vorwärts*
*rückwärts*
*seitwärts*
*stehen*

Dabei wird zu jeder Zeile ganz normal ein Fuß vor den anderen gesetzt, bis hin zu der Textstelle „und vorwärts": Dort bleibt ein Bein fest auf dem Boden stehen und das zweite Bein vollführt die Bewegungen einen Schritt nach vorwärts, einen nach rückwärts und einen nach seitwärts und bei „stehen" zieht das Kind das zweite Bein an.

Es kommt ganz auf den zu erarbeitenden Zahlenraum an, wie viele Schritte Sie Ihr Kind gehen lassen möchten, bis die Verszeile „ein Hut …" an der Reihe ist.

## Kommando Spring (XI₇)

Auch bei diesem Spiel geht es um die Orientierung auf dem Boden und im Raum: Ein Erwachsener oder ein zweiter Mitspieler gibt den Teilnehmern jeweils bis zu sechs aufeinander folgende Kommandos.

Beispiel: 7 vor (= 7 Hüpfer mit geschlossenen Beinen nach vorne), 4 nach links, 12 zurück, 2 nach rechts usw.

Je mehr Mitspieler gleichzeitig von der Partie sind, desto lustiger wird es!

Natürlich kann das Tempo der Ansagen allmählich gesteigert werden, jedoch erst, wenn die Richtungswechsel genügend beherrscht werden!

## Die sanfte 2 (XI₈)

Am Badesee, nach einem warmen Schaumbad oder abends beim Zubettgehen findet ein sensibles Streichelspiel statt! Mit Körperlotion wird der Rücken Ihres Kindes eingecremt. Anschließend schreiben Sie mit einem soften Cremefinger große Zahlen, Buchstaben oder Formen auf die Haut. Lassen Sie Ihrem Kind ruhig mehrere Versuche, Ihre Botschaften zu erspüren!

## Kapitel XII

# Computer- und Zeichenspiele

*Malen trainiert die Feinmotorik und die räumliche Orientierung. Das muss nicht nur auf Papier geschehen. Der PC gehört heute zum „Handwerkszeug" eines Kindes und sinnvoll eingesetzt ist er auch durchaus erlaubt!*

## Zeichnen ist wichtig!

*Das Zeichnen sollte bei jedem Kind gefördert werden.*

Dieses Kapitel beinhaltet Spiele, die in vielfältiger Weise grundlegende Fähigkeiten des pränumerischen und auch numerischen Rechnens fördern. So ist auch durch den Umgang mit dem Zeichenstift und der Computermaus die Feinmotorik angesprochen. Räumliche Orientierung auf der bildhaften Ebene – auf einem Stück Papier und auf dem Bildschirm – ist ein weiteres Trainingsziel.

Dies bedeutet bereits einen Abstraktionsschritt vom Umgang mit ganz konkreten Gegenständen hin zu Schriftzeichen, Symbolen und Ziffern. Was die Computerspiele angeht, so ist hier nicht von speziellen, käuflich zu erwerbenden Lernprogrammen die Rede! Vielmehr soll der PC für ganz simple und spielerische Aufgaben eingesetzt werden, wobei das Kind die grundlegenden Funktionen einer „Schreib- und Zeichenmaschine" kennen lernt, die es sogar selbst per Mausklick organisieren und befehlen darf.

Viele Spiele kann man sowohl auf Papier als auch mit dem Zeichenprogramm des Computers durchführen. Berücksichtigen Sie bei der Auswahl in erster Linie die Fähigkeiten und Voraussetzungen des Kindes! Es sollte nicht durch technische Überforderung vom eigentlichen Sinn des Spieles abgelenkt werden.

## Quittungen (XII$_1$)

Dieses Spiel ist für alle Kinder geeignet, die gewohnt sind, im Haushalt mitzuhelfen (oder die bald damit anfangen werden) und dafür in irgendeiner Weise entlohnt werden. Ob das nun die 20 Cent fürs Autowaschen sind oder ein Kinobesuch für das Ausräumen der Spülmaschine über einen Monat hinweg o. Ä.

Es kann aber auch eine abonnierte Kinderillustrierte sein, für welche vor der Bestellung eine regelmäßige Gegenleistung vereinbart wurde! Die Berechnung der Leistungen, die Angabe von Arbeitszeiten und damit die Summe der Verdienste darf nun ganz offiziell am Computer und vom Kind selbst eingetippt und als Originalrechnung ausgedruckt werden. Als Vorlage geben Sie ihm lediglich eine nicht mehr benötigte alte Rechnung. Den Rest erledigt der/die kleine Jungbuchhalter/in dann sicher ganz alleine.

*Es ist empfehlenswert, dass das Kind früh lernt, über Einnahmen und Ausgaben Buch zu führen.*

Es ist anfangs nicht leicht, sich durch all die Zahlen, Zeichen und Buchstaben zu kämpfen, aber es macht jede Menge Spaß, am Schluss die ersten selbst erstellten Rechnungsbelege in Händen zu halten.

## Symbolklick (XII$_2$)

Mit der Tontaste Ihres Computers oder auch mit irgendeinem anderen Gegenstand, mit dem Sie Geräusche produzieren können (Bleistift klopft auf Tischplatte), geben Sie akustisch eine Zahl, z. B. die 9, vor. Das Kind schließt dabei die Augen. Es hört die Töne und stellt die Anzahl fest. Es sagt das Ergebnis jedoch nicht laut!

Nun klickt das Kind mit der Maus innerhalb des Clip-Chart-Programms auf der Symbolleiste mit ansprechenden kindlichen Motiven so viele Icons auf den Bildschirm, bis sie der Anzahl der Töne entsprechen.

Der Erwachsene überprüft das Ergebnis, für jede richtige Lösung gibt es – je nach Rechenfertigkeit des Kindes 1 oder 2 Punkte (wenn das Kind schon einen gefestigten Mengenbegriff hat, können es auch $1^1/_2$ Punkte sein).

*Wer's ein bisschen schwieriger mag:* Ordne die Bildchen so an, dass man auf einen Blick die Anzahl gut erkennen kann.

# Der Würfelkönig (XII₃)

*Mit Würfeln kann man toll spielen.*

Ein König wird erwürfelt! Zunächst erhält jeder Spieler ein unliniertes Blatt mit einem Unterteller groß gezeichneten Kreis darauf. Wer mit einem Kind spielt, kann diesem auch den Kreis auf dem PC-Bildschirm präsentieren. Los geht's! Das Kind würfelt: Kleinere Kinder beginnen mit einem, größere Kinder verwenden zwei Würfel. Jetzt kommt es darauf an, wie die Würfel fallen! Je nach Würfelaugenergebnis bekommt der Kreis nun allmählich ein königliches Gesicht:

- Bei 1 zeichnest du die Nase.
- Bei 2 zeichnest du ein Auge.
- Bei 3 zeichnest du ein Ohr.
- Bei 4 einen Mund,
- bei 5 eine Krone,
- bei 6 ein Haar,
- bei 7 einen Kragen,
- bei 8 eine Sommersprosse,
- bei 9 eine Augenbraue,
- bei 10 einen Hals,
- bei 11 einen Ohrring,
- bei 12 ein Kinnbarthaar.

Der König kann alleine vom Kind erwürfelt und gezeichnet werden. Mehr Spaß macht es natürlich zu zweit, wenn auch ein Erwachsener mitspielt und seinen eigenen König gestaltet. In diesem Fall überprüft natürlich das Kind, ob Sie die richtige Zeichnung bei der richtigen Augenzahl einsetzen.

*Tipp:* Mit etwas Fantasie können Sie sich natürlich auch andere Gestalten, Märchenfiguren oder Tiere ausdenken. Es macht auch riesig Spaß, sich für solche neuen Figuren Regeln auszudenken: Welche Bildteile müssen bei welcher Würfelzahl gezeichnet werden?

# Pünktchenspiele (XII₄)

Zuerst wird der Spielplan gezeichnet! Immer zwei Partner benötigen ein Exemplar. Allerdings kann das Spiel auch alleine gespielt werden, in diesem Falle braucht jeder einen eigenen Plan und der sieht beispielsweise so aus:

Zeichne 28 Pünktchen auf ein Blockblatt,

Könner dürfen auch mehr Punkte malen!

Dann spielt ihr: Abwechselnd verbindet jeder zwei Pünktchen miteinander und zwar nur waagrecht oder senkrecht. Wer die letzten beiden Punkte verbindet, hat gewonnen.

*Varianten:*

• Verbindet immer drei Punkte zu Dreiecken.

• Markiert abwechselnd einen Punkt farbig. Wer zuerst ein Quadrat bildet, darf sich für dieses Quadrat einen Punkt gutschreiben. Sieger ist derjenige mit den meisten Quadraten und damit auch den meisten Punkten.

*Tipp:* Auch mit Straßenkreiden im Großformat machen Pünktchenspiele viel Spaß!

# Computerwürfel (XII₅)

Mit dem Zeichenprogramm des Computers kann man wunderbar Mathe spielen: Sie geben eine Zahl vor, z. B. die 8, und schreiben sie als Überschrift auf den Bildschirm. Jetzt ist das Kind an der Reihe. Es soll Würfelflächen zeichnen und gleich viele Würfelaugen eintragen. Reicht ein Würfel, um die 8 einzutragen? Warum nicht? Wie könnten die Augen auf zwei Würfelflächen verteilt werden … Das Kind probiert, zeichnet und überprüft durch Nachzählen. Sind Sie mit dem Ergebnis einverstanden, präsentieren Sie ihm eine neue Zahl …

*Der Computer ist ein praktisches Hilfsmittel.*

115

## Formversteck (XII₆)

*Geometrisches Verständnis kann am Computer gut trainiert werden.*

Auf dem Computer wird ein großes Rechteck aufgezeichnet. Darin verstecken Sie beliebig viele weitere Rechtecke.

Jetzt erst kommt das Kind ins Spiel! Es betrachtet sich erstmalig das Formengewirr und soll durch konzentriertes Betrachten die Gesamtanzahl aller Rechteckformen herausfinden.

Hilfreich kann eine unterschiedliche Markierung und Einfärbung der bereits gefundenen Formen sein sowie eine Strichliste zur Zählung der Rechtecke.

Anschließend findet ein Rollenwechsel statt, denn nicht nur beim Auffinden von Formen, sondern auch beim Verstecken lernt das Kind!

## Geo (XII₇)

Auf kleinen Kärtchen geben Sie Ihrem Kind je eine geometrische Form, die mit dickem Filzer gemalt ist, ein paar Sekunden lang zur Ansicht. Dann entfernen Sie das Bild. Mit dem Zeichenprogramm des Computers soll das Kind die eingeprägte Form (eventuell auch die Farbe und Lage) der Vorlage auf dem Bildschirm wiedergeben.

Dabei ist auch darauf zu achten, ob es sich um ein Rechteck oder ein Quadrat handelt, um ein gleichwinkliges Dreieck oder eines mit einer langen Spitze. Auch die Namen der geometrischen Formen sollen gemerkt und während des Gesprächs verwendet werden, z. B.: Dreieck, Rechteck, Quadrat, Zylinder, Pyramide, Raute, Prisma, Kreis oval usw.

*Wer's ein bisschen schwieriger mag:* Zwei Kärtchen mit verschiedenen Formen werden vorgelegt.

## Bilddiktat (XII₈)

Wenn Sie gerade ein wenig Muse haben, entwerfen Sie doch einmal ein kleines Bilddiktat für Ihr Kind! Es sieht vielleicht so aus:

*In der Mitte steht ein Haus. Es ist 10 cm breit und bis zum Dachfirst 16 cm hoch. Es hat zwei Fenster (2 x 2 cm). Rechts neben dem Haus steht eine Tonne. Sie ist 5 cm breit und 4,5 cm hoch. Links neben dem Haus steht ein Turm. Er ist 24 cm x 5 cm hoch. Und vor dem Haus sitzt eine goldige, kleine Katze.*

Die kleinen Rechenkünstler messen, schwitzen und zeichnen und freuen sich, am Ende ein ganz beeindruckendes Linienbild zu Papier gebracht zu haben. Die Katze allerdings wird nur mit Spaß und Gefühl gezeichnet, hierfür braucht niemand ein Lineal! (Vielleicht hat aber Ihr Kind ein ganz anderes Lieblingstier.)

*Bestimmt bekommt Ihr Kind gern einmal ein Bild diktiert!*

## E-Mail für dich (XII₉)

Heute bekommt Ihr Kind eine E-Mail der besonderen Art! Der Mail-Klient wird gestartet und schon prangt eine hübsche Textaufgabe auf dem Bildschirm. Die haben Sie sich natürlich passend zum jeweiligen Unterrichtsstoff oder Leistungsniveau des Kindes ausgedacht!

Der Empfänger darf nun – so weit er den Computer bedienen kann – selbst die Aufgabe lösen oder Sie lassen sich die Lösung vom Kind diktieren und machen die Eingabe selbst!

So macht die lausige Rechnerei doch gleich viel mehr Spaß!

## Der Zitteraal (XII$_{10}$)

Der Zitteraal ist ein lustiges Zahlen-Schreibspiel: Der Spielpartner des Kindes umfasst dessen Schreibhand am Gelenk und bringt sie zum Zittern und Vibrieren. Trotz dieses „Tattermanns" soll das Kind nun versuchen, die Zahl zu schreiben, die der Peiniger verlangt! Und – ist die Zahl zu erkennen?

# Kapitel XIII

# Ordnungsspiele

*Kinder brauchen Struktur und Ordnung, um sich
in der Welt orientieren und sich Begriffe bilden zu
können. Die Beschäftigung mit Formen, Farben,
Mengen und das Bilden von Gruppen spielen dabei
eine wichtige Rolle und liefern viele Spielideen.*

## Gegenstände erfahren, Zuordnungen treffen

Über das konkrete Umgehen mit Gegenständen durch die Handhabung von Dingen werden die Dinge anschaulich und damit für das Kind erst begreifbar. Strukturelle Merkmale wie groß, klein, dick, dünn, lang, kurz, rund, eckig, offen, geschlossen … müssen per Hand und Auge erfahren werden. Wenn diese Erfahrungen ausreichend erfolgen, kann ein Wiedererkennen von Bildern in Schulbüchern, auf den Arbeitsblättern usw. stattfinden. So geht es bei folgenden Spielen um das Erkennen von Formen, Mengen und Farben, um das Vergleichen von Formen und Größen und um das Bilden von Gruppen mit gleichen Merkmalen. Gerade für gedanklich konfuse Kinder ist die konkrete, saubere Gliederung der unmittelbaren Umgebung ganz wichtig. Doch nicht nur die räumliche, sondern auch die zeitliche Orientierung ist für eine umfassende, kognitive Strukturierungsfähigkeit von Nöten. Auch dies kann man spielerisch trainieren.

## Ins Mäppchen (XIII₁)

*Schon Vorschulkinder können spielerisch einen Zeitbegriff erwerben.*

Für Vorschüler und Schulanfänger gibt es ein besonders nützliches Ordnungsspiel! Kramen Sie sämtliche Buntstifte aus alten Tagen hervor und geben Sie sie dem Kind zum Spitzen. Anschließend werden die verstreut liegenden Schreibgeräte genau betrachtet und auf ihre Größe hin verglichen! Die Aufgabe lautet nun: Welche Farbe hat der wohl kleinste Stift, welche der nächst größere usw.

Sie notieren die Farbangaben auf einen Notizzettel – dann wird es spannend! Die Stifte werden nun in eben dieser Reihenfolge nebeneinander gelegt. Stimmt das Ergebnis?

## Orientiert (XIII₂)

Um zeitlich orientiert zu sein, aber auch um Termine, Einladungen usw. im Überblick zu haben, sollte der Umgang mit dem Kalender geübt werden. Dazu eignet sich für Kinderhände besonders ein Kalender mit großen Zeilen und viel Platz zum Schreiben. Außerdem sollte der ganze Monat schön übersichtlich zu sehen sein. Sie können auch den aktuellen Monat aus einem riesigen Jahreskalenderposter ausschneiden und auf die Innenseite der Haustüre heften. Jeden Morgen kann dann gemeinsam mit dem Kind ein Blick darauf geworfen werden, bevor es das Haus verlässt. Das Kind soll dabei das komplette Datum ansagen, z. B.: Heute ist Dienstag, der 7. 7. 2001. Heute steht Folgendes auf dem Programm …

So lernen schon Schulanfänger und Vorschüler spielerisch die Reihenfolge der Wochentage, die Namen der Monate, die Zahlen …

## Der Geburtstagskalender (XIII₃)

Ihr Kind darf einen Geburtstagskalender für alle Familienangehörigen, Verwandten und Freunde anlegen, die gratulationswürdig sind! Das heißt, für jeden Monat des Jahres stehen mehrere Zeilen zur Verfügung, in die die Namen mit Datum eingetragen werden.

Neben der Ordnung nach Monaten ist auch die Ordnung nach Alter eine spannende Beschäftigung:

„Rechne aus oder frag nach, wie alt genau der Opa, Tante Erna, der Hund Walli ist und all die anderen, und versuche – mit dem jüngsten Glied beginnend – eine Reihenfolge aufzustellen." Diese Ordnerei findet natürlich nicht auf dem hübschen Geburtstagskalender statt!

*Wer freut sich nicht, wenn ihm pünktlich zum Geburtstag gratuliert wird?*

## Zahlenpuzzle (XIII₄)

Puzzles aller Art rufen bei Kindern eine Sortierfreude hervor. Wie wäre es mit einem selbst gemachten Puzzle?

Schreiben Sie auf einen Karton eine große Zahl oder Zahlen in unterschiedlichen Größen vor, das Kind darf das Bild dann farbig gestalten. Wer möchte, überzieht das bunte Werk mit selbstklebender Klarsichtfolie, bevor es in verschieden geformte Puzzleteile zerschnitten wird. So hat man jederzeit ein nettes Ordnungsspiel parat. In einem Briefumschlag aufbewahrt, dient es für viele weitere Spieldurchgänge.

*Varianten:*
- Zerschneiden Sie ein überzähliges Foto des Kindes oder eines Familienangehörigen zum Puzzle …
- Ein hübsches Bild aus der Illustrierten oder ein Poster wird zuerst auf Karton geklebt und später in Puzzleteile zerlegt…

## Tischlein deck dich (XIII₅)

*Selbst beim Tischdecken muss gerechnet werden.*

Das klassische Ordnungsspiel schlechthin beherbergt jeder Haushalt: Tischdecken für eine gemeinsame Mahlzeit, vielleicht sogar mit Vorspeise und Nachtisch. Dabei könnten die Gedecke folgendermaßen aussehen – jeder bekommt:
- einen flachen Teller, darauf einen Suppenteller,
- eine Gabel links, ein Messer rechts, einen Suppenlöffel daneben,
- darüber ein Schüsselchen fürs Kompott und dort auch die Dessertgabel.

Achtung, Servietten nicht vergessen!

Und wenn noch mehr Leute geladen sein sollten – nützen Sie die Chance und lassen Sie Ihr Kind mal machen …

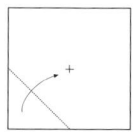 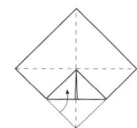   

## Seerosen (XIII₆)

Fürs Tischdecken gibt es hier einen Faltvorschlag für See-rosen-Servietten, wobei man ordentlich und der Reihe nach vorgehen muss, um das gewünschte Ergebnis zu erzielen:

*Tipp:* Generell sind aber auch alle anderen Spiele im Bereich des Origamifaltens als Beschäftigung geeignet, bei der es auf Ordnung und Sauberkeit beim Arbeiten ankommt!

## Tagesplan (XIII₇)

Ein gut organisierter Tagesablauf gibt Kindern Sicherheit und einen Überblick über die zu erledigenden Tagesordnungs-punkte. Nehmen Sie sich doch jeden Abend kurz Zeit, um mit Ihrem Kind einen Plan für den nächsten Tag aufzustellen, z. B.:

*Oft kann man das Nützliche mit dem Spielerischen verbinden.*

Zähne putzen
Bett machen
Frühstück
Schule
Oma holt mich ab
Stadtbummel
Hausaufgaben
Vogelkäfig putzen

Ab jetzt gelten Ausreden wie „Das hast du mir nicht gesagt …" bestimmt nicht mehr, denn es genügt ein kurzer Blick hin zum Tagesplaner!

## Klamotten-Ordnung (XIII$_8$)

Schreit der Kinderzimmerschrank gerade wieder einmal nach mehr System und weniger Chaos? Na prima! Ihr Kind soll das alles selbst in die Hand nehmen!

Eine Generalüberholung der Schrankordnung soll vorgenommen werden. Zum Beispiel kann nach der Art der Kleidung geordnet werden:

- kurzärmlige T-Shirts
- kurze Hosen
- lange Hosen
- Pullover …

Innerhalb der jeweiligen Sparte kann außerdem eine Farbsortierung vorgenommen werden. Wetten, Ihr Kind weiß ab heute genau, wo was liegt?

*Tipp:* Schubladen können von außen mit einem beschrifteten Klebeband versehen werden. Auf diese Weise weiß das Kind immer, was sich hinter welcher Schublade verbirgt. Zumindest bis zur nächsten Großräumaktion.

# Mathematische Inhalte der Spiele

Nachfolgender Liste können Sie entnehmen, welche mathematischen Lernschritte mit den jeweiligen Spielen geübt werden können. Die römischen Zahlen geben die Kapitelnummer an, die arabischen Ziffern die Nummern der jeweiligen Spiele in dem entsprechenden Kapitel. Je nach momentanem Bedarf ändern Sie einfach – wo es möglich ist – den Zahlenraum oder die Art der Rechenaufgaben!

Beispiel: Bei den Laufrechnungen (Kapitel VIII, Mathespiele) können Sie Subtraktionsaufgaben bis 10 stellen, jederzeit aber auch Zahlen aus dem Hunderterraum verwenden, auf andere mathematische Disziplinen wie das Einmaleins ausweichen oder auf Additionen von Gewichten, Unterscheidungen von Uhrzeiten, Platzhalteraufgaben und vieles mehr zurückgreifen.

**Zahlen und Zeichen erkennen, ordnen, merken:**
$II_1$, $II_5$, $II_6$ , $III_4$, $III_5$, $III_8$, $III_9$, $IV_1$, $IV_2$, $IV_4$, $IV_5$, $IV_6$, $IV_8$, $IV_9$, $V_2$, $V_4$, $V_5$, $V_9$, $V_{11}$, $VIII_1$, $VIII_5$, $VIII_6$, $VIII_7$, $VIII_8$, $VIII_9$, $VIII_{11}$, $VIII_{12}$, $VIII_{13}$, $IX_1$, $IX_5$, $IX_6$, $XI_3$, $XI_8$, $XII_2$, $XII_3$, $XII_5$, $XII_{10}$, $XIII_2$, $XIII_3$, $XIII_4$

**Mengen erkennen und ordnen:**
$II_3$, $II_4$, $II_5$, $III_4$, $III_5$, $IV_1$, $IV_2$, $IV_4$, $IV_5$, $IV_6$, $IV_8$, $IV_9$, $V_1$, $V_2$, $V_7$, $VI_6$, $VII_7$, $VIII_1$, $VIII_2$, $VIII_3$, $VIII_4$, $VIII_9$, $VIII_{11}$, $VIII_{12}$, $IX_1$, $IX_3$, $IX_5$, $IX_6$, $X_5$, $XI_2$, $XII_2$, $XII_3$, $XII_4$, $XII_5$, $XIII_1$, $XIII_2$, $XIII_5$, $XIII_8$

**Formen und Farben erkennen und ordnen:**
$II_1$, $III_2$, $III_9$, $IV_1$, $IV_2$, $IV_4$, $IV_6$, $IV_8$, $V_2$, $VII_7$, $VIII_1$, $VIII_2$, $VIII_9$, $IX_1$, $IX_3$, $IX_6$, $X_5$, $XII_3$, $XII_4$, $XII_6$, $XII_7$, $XII_8$, $XIII_1$, $XIII_4$, $XIII_7$, $XIII_8$

**Aufbau des Zehners/Rechnen mit Zehnerübergang:**
$II_2$, $II_3$, $II_4$, $II_5$, $III_2$, $IV_4$, $IV_5$, $IV_6$, $I_8$, $IV_9$, $V_1$, $V_2$, $V_4$, $V_5$, $V_7$, $V_9$, $V_{11}$, $VI_6$, $VI_8$, $VII_6$, $VII_7$, $VIII_1$, $VIII_2$, $VIII_4$, $VIII_5$, $VIII_6$, $VIII_7$, $VIII_9$, $VIII_{11}$, $VIII_{12}$,

$VIII_{13}$, $VIII_{14}$, $VIII_{15}$, $VIII_{16}$, $VIII_{19}$, $IX_1$, $IX_3$, $IX_5$, $X_5$, $XI_2$, $XI_3$, $XI_6$, $XI_7$, $XII_3$, $XII_4$, $XII_5$, $XII_6$, $XII_9$, $XIII_1$, $XIII_2$, $XIII_4$

## Aufgabe und Umkehraufgabe:

$II_2$, $IV_5$, $V_4$, $VI_8$, $VII_6$, $VII_7$, $VIII_2$, $VIII_5$, $VIII_6$, $VIII_7$, $VIII_9$, $VIII_{11}$, $VIII_{12}$, $VIII_{13}$, $VIII_{14}$, $VIII_{15}$, $VIII_{16}$

## Rechnen bis 20:

$II_2$, $II_3$, $II_4$, $II_5$, $III_8$, $IV_5$, $IV_6$, $V_1$, $V_2$, $V_5$, $V_7$, $V_9$, $V_{11}$, $VI_6$, $VI_8$, $VII_6$, $VII_7$, $VIII_1$, $VIII_5$, $VIII_6$, $VIII_7$, $VIII_8$, $VIII_9$, $VIII_{11}$, $VIII_{12}$, $VIII_{13}$, $VIII_{14}$, $VIII_{15}$, $VIII_{16}$, $IX_3$, $IX_5$, $IX_7$, $X_5$, $XI_3$, $XII_9$, $XIII_1$, $XIII_5$

## Einmaleins:

$II_2$, $II_3$, $II_4$, $III_8$, $IV_5$, $IV_6$, $V_1$, $V_2$, $V_5$, $V_7$, $V_{10}$, $VI_8$, $VII_6$, $VII_7$, $VIII_5$, $VIII_6$, $VIII_7$, $VIII_8$, $VIII_9$, $VIII_{10}$, $VIII_{11}$, $VIII_{12}$, $VIII_{13}$, $VIII_{14}$, $VIII_{15}$, $IX_3$, $IX_5$, $IX_7$, $X_5$, $XI_2$, $XII_4$, $XII_9$, $XIII_5$

## Rechnen im Zahlenraum bis 100:

$II_4$, $III_8$, $IV_6$, $V_5$, $V_{10}$, $V_{11}$, $VI_8$, $VII_6$, $VII_7$, $VIII_4$, $VIII_5$, $VIII_6$, $VIII_7$, $VIII_8$, $VIII_9$, $VIII_{11}$, $VIII_{12}$, $VIII_{13}$, $VIII_{14}$, $VIII_{15}$, $VIII_{17}$, $VIII_{18}$, $IX_5$, $IX_7$, $XII_9$

## Rechnen im Zahlenraum bis 1000:

$III_8$, $IV_6$, $V_{10}$, $VI_8$, $VII_6$, $VIII_3$, $VIII_5$, $VIII_6$, $VIII_7$, $VIII_{11}$, $VIII_{12}$, $VIII_{13}$, $VIII_{14}$, $VIII_{15}$, $IX_7$, $XII_9$

## Größen erkennen/messen/
## Rechnen mit Maßen und Gewichten:

$II_3$, $II_5$, $III_8$, $VI_8$, $VII_6$, $VII_8$, $VIII_3$, $VIII_4$, $VIII_5$, $VIII_7$, $VIII_9$, $VIII_{11}$, $VIII_{12}$, $VIII_{13}$, $IX_4$, $X_3$, $X_8$, $XII_8$, $XII_9$

## Rechnen mit Geld:

$II_3$, $II_4$, $III_8$, $IV_6$, $VI_8$, $VII_6$, $VIII_5$, $VIII_7$, $VIII_9$, $VIII_{11}$, $VIII_{12}$, $VIII_{13}$, $VIII_{18}$, $IX_4$, $XII_1$, $XII_9$

## Rechnen mit der Zeit:

$III_8$, $VI_8$, $VII_6$, $VIII_5$, $VIII_7$, $VIII_8$, $VIII_9$, $VIII_{11}$, $VIII_{12}$, $VIII_{13}$, $VIII_{17}$, $VIII_{19}$, $XII_9$, $XIII_2$, $XIII_3$, $XIII_6$

# Hilfreiche Adressen

## Information und Beratung bei Rechenschwäche

*Bundesweit*
Initiative zur Förderung rechenschwacher Kinder
IFRK e. V.
Margret Schwarz (1. Vorsitzende)
Badstr. 25
73776 Altbach
Tel.: 07153/27448

*Regional*
Initiative zur Förderung rechenschwacher Kinder
Zahlensalat e. V.
Brigitte Müller-Grimm (1. Vorsitzende)
Marienweg 40
41363 Jüchen (Damm)
Tel.: 02182/5183

Initiative zur Förderung rechenschwacher Kinder
IFRK Berlin-Brandenburg e. V.
Gabriele Krüger (1. Vorsitzende)
Dammkrug 2
16818 Langen
Tel.: 03393/273491

Initiative zur Förderung rechenschwacher Kinder
IFRK Sachsen-Anhalt e. V.
Heike Stephan (1. Vorsitzende)
Am Heuweg 54
39118 Magdeburg
Tel.: 0391/6629148

## Beratung und Förderung

*Beratung an Hochschulen für Kinder mit Schwierigkeiten in Mathematik (regional)*

Institut für Didaktik der Mathematik
Prof. Dr. Wilhelm Schipper
Universität Bielefeld
Universitätsstr. 25
33615 Bielefeld

Institut für Mathematik und Informatik
Frau Dr. Silvia Wessolowski
PH Ludwigsburg
Reuteallee 46
71634 Ludwigsburg
Tel.: 07141/140380

Institut für Mathematik und ihre Didaktik
Frau Christa Schneider
PH Karlsruhe
Bismarckstr. 10
76133 Karlsruhe
Tel.: 0721/9254278